赵紫晨（Apple 老师）

中国老教授协会创新创业教育研究院执行院长、全国高职高专创新创业教育协作会执行秘书长、启明星工程创始人、晨星创业谷董事局主席、启明星公益基金主席。

21 世纪初，Apple 老师作为优秀人才被高校引进，成为大学老师。她看到了大学生面对就业与创业现实情况的迷茫，深感当代大学生需要社会各界的帮助和支持。由此开始，Apple 老师努力奔波于全国各地，在超过 100 所高校举办了公益演讲活动，为大学生们植入创业梦想的种子。她对社会创业大潮的理解，把包容、奉献、责任的价值观，最终凝聚成公益价值观。

Apple 老师是中国民营企业家公益梦想的探索者，企业家公益情怀的引领者，企业家公益实践的先行者，Apple 老师发起了启明星工程，让大学生拥有适合自己人生梦想的"位"来。在十几年的演讲生涯中，为数千家企事业单位进行创业导师的演讲培训，包括政府、学校、企业、事业单位以及世界五百强企业等，受众群体达数十万之众，成为中国著名的创业教育家和活动家。

赵紫辰 Apple

联合出品人

刘小俐

企业名称：互联网＋诺曼姿身心灵驿站连锁加盟健康生态系统

职务：创始人、心理咨询师

陈伟邦

企业名称：新目标天地生态系统技术有限公司（IMDO TET Pty Ltd）

职务：创始发起人兼CEO

冯建宇

企业名称：成都千路农夫科技有限公司

职务：创始人

冯会春

工作单位：天津市滨海新区塘沽紫云中学

职务：教师

高一杰

企业名称：云南掌易科技有限公司

职务：执行董事

桂太容

企业名称：重庆修贤生物科技有限公司

职务：创始人、董事长

李沅坤

企业名称：小李补胎

职务：创始人、董事长

刘 晓

企业名称：广西兴邦建设有限公司

职务：董事长

汪小华

企业名称：重庆科曼九江贸易有限公司

职务：董事长

王 玲

企业名称：河南时尚密码化妆品公司

职务：董事长

邬 川

企业名称：成都一言科技有限公司

职务：董事长

谢 鑫

企业名称：凌顿（厦门）投资管理有限公司

职务：董事长

联合出品人

杨 帆

企业名称：河南掌柜食品
有限公司

职务：董事长

姚昌军

企业名称：国药控股重庆
有限公司

职务：总经理

余成林

企业名称：重庆伏安瓦电
气有限公司

职务：企业法人、总经理

张 东

企业名称：四川拓泰律师
事务所

职务：首席合伙人

张 雷

企业名称：盐城云联惠网
络科技有限公司

职务：董事长

张子军

企业名称：珍爱集团

职务：董事长

赵振华

企业名称：广西义福缘健
康科技有限公司

职务：创始人

钟日升

企业名称：重庆我之选出
国留学中介服务有限公司

职务：教育产业投资人

郭 璐

企业名称：东莞市瑞元工
程塑料有限公司

职务：总经理

金永平

企业名称：田之源——社
区共享管家

职务：投资人

林彦君

企业名称：珠海力倍宁汽
车服务有限公司

职务：董事长兼总经理

刘 捷

全国职业生涯发展咨询教
练培训导师

联合出品人

麦志民

企业名称：东莞市凌通公益服务中心

职务：法人

史东星

企业名称：河南致良知东方文化传播有限公司

职务：董事长

颜润平

企业名称：上海嘉昶农业科技股份有限公司

职务：总裁

阳 权

企业名称：重庆慧君文化产业发展有限公司

职务：董事长

杨永建

企业名称：上海嘉昶农业科技股份有限公司

职务：CEO

朱朝晖

企业名称：途心网络科技有限公司

职务：联合创始人

朱滢莹

企业名称：卓创（台州）科技发展有限公司

职务：总裁

果秀彦

企业名称：国龙文化传播有限公司

职务：董事长

李 纲

企业名称：北京金源阳光文化发展有限公司

职务：总经理

任桂香

企业名称：天一经纬文化传播有限公司

职务：董事长

杨 兵

企业名称：湖南康旭文化传播有限公司

职务：董事长

杨 华

企业名称：江西赣天下投资有限公司

职务：董事长

联合出品人

甄 彬

企业名称：张掖市花寨小
米种植专业合作社

职务：理事长

苏丹艺

企业名称：厦门常春城建
筑工程有限公司

职务：总经理

李 凌（李宝龙）

企业名称：北京作文秘诀
研究院

职务：院长

王清玥

企业名称：北京乐易考教
育科技集团有限公司

职务：研发经理

江宇霖

企业名称：启睿智库（北
京）信息咨询有限公司

职务：董事长

詹宗朝

企业名称：星启原（北京）
科技发展有限公司

职务：董事长

谭东杰

企业名称：北京星酷圈子
网络科技有限公司

职务：董事长

任周波

企业名称：北京星酷圈子
网络科技有限公司

职务：联合创始人

露 西

企业名称：北京星酷圈子
网络科技有限公司

职务：总裁

鲁璐

企业名称：宁波世纪繁荣
旅游开发有限公司

职务：高管

初心

——为梦想而「创」

走得再远
都别忘了曾经为什么出发

赵紫晨◎著

北京时代华文书局

图书在版编目（CIP）数据

初心／赵紫晨著—北京：北京时代华文书局，2017.8

ISBN 978-7-5699-1807-6

Ⅰ.①初… Ⅱ.①赵… Ⅲ.①大学生—创业—研究 Ⅳ.①G647.38

中国版本图书馆CIP数据核字（2017）第211515号

初　心
CHU XIN

著　　者｜赵紫晨

出 版 人｜王训海
创意总监｜杜志刚
策划总监｜高　霞
责任编辑｜周连杰　李唯靓
装帧设计｜陈　敏
责任印刷｜刘　银

出版发行｜北京时代华文书局 http://www.bjsdsj.com.cn
　　　　　北京市东城区安定门外大街 136 号皇城国际大厦 A 座 8 楼
　　　　　邮编：100011　电话：010-64267955　64267677
印　　刷｜北京凯达印务有限公司　010-85384238
　　　　　（如发现印装质量问题，请与印刷厂联系调换）

开　　本｜170mm×240mm　1/16　　印　张｜17.75　　字　数｜166千字
版　　次｜2017 年 9 月第 1 版　　　印　次｜2017 年 9 月第 1 次印刷
书　　号｜ISBN 978-7-5699-1807-6
定　　价｜48.00 元

自 序

　　这是一本能放在枕边的书。走进Apple的内心世界，轻语交流——

　　六年的心路历程，每年三百场的现场演讲，我见证了目前创业教育的状况，企业转型的切肤之痛，大学生对于梦想的迷茫，企业家对于社会的价值缺失，高校教育的循规蹈矩……

　　但在奔跑、激进的道路上，我会试图保持一颗不断清空的心灵，以开放的心态，持续吸收各种各样的养分，让自己保持能量。作为中国创业服务领域的先行者，我有义务、有责任，推动中国的校企合作创业教育发生改变。

　　为此，我每一天都在奔走，面对大学生，面对企业家，面对高校管理者，面对政府管理者……我在呐喊，我在召唤，我在疾呼，我在行动！所有的一切都是为了——不忘初心。

　　在此之前，我曾走过许多弯路。我无数次地经历困难、坎坷和曲折，受过嘲讽，受过打击，也经历过诽谤。我想过逃避，想过放弃，从未想过要做成多大的事业。想做成任何一件事情都是不容易的，做事情的过程就是每天碰到困难的过程。

因为梦想，因为执着，因为坚韧，因为愿力，我最终汇聚思想，集聚精英，脚踏实地，永争上流，历经磨难却收获了满满的幸福，满满的能量，满满的感恩与收获。我在沉寂中不断探索，在巨浪中搏击，我们永远在路上，一切的一切都是缘于——不忘初心。

六年之后，我创立的启明星工程，作为中国创业服务业最闪耀的星辰，已培养了数万名企业家创业导师，为百万高校学子植入了创业的种子，在全国近百个城市播种耕耘，生根发芽。我看到了大学生对于梦想的渴望，企业家发自内心的感恩，一起创业的小伙伴们茁壮地成长，小唐姐姐、芒果小妹等公益项目逐渐成为圈子里热议的话题。正向的愿力使得越来越多的人凝聚在了我的身边，一切的一切都是因为——不忘初心。

六年的经历和感想凝聚成《初心》，书中所有的案例都是真实的，书中所有的愿望都是真诚的。我希望将我内心的感受、人生的经验以及对于校企双创的理解，毫无保留地奉献给大家。

日本著名禅师铃木俊隆在《禅者的初心》中写道："初心就是初学者的心。"其实创业的目的就是要始终初心，做人亦是如此。初心是一颗空灵的心，是一颗准备好要去接受的心。如果创业者的心是有梦想的，就会随时准备要去接受，对一切保持敞开的态度。

初学者的心总是充满各种的可能性，就如《初心》中所描述的创业需要激情，需要感恩，需要谦卑，更需要继承。希望每一位读者都能带着一份责任与担当，抱着初学者的心态，默默走进我的心灵，感受我的初心。对于中国的民营企业家来说，他们不缺乏"精进之心""战斗之心""谦卑之心"，但对"初心"，却普遍有陌生感。他们急着奔跑，急着创新，当自己成为自己最大的对手，就需要一次彻底的重启。希望《初心》能让他们回归创业最纯粹的发心，激发他们更年轻的状态。

我是Apple，世界上第四个Apple，不忘初心，帮助大学生拥有自己合适人生的Apple，助推中国民族品牌发展的Apple。Apple的梦想不是用来实践的，Apple的梦想是用来支持前行的动能的。

对于我来说，培养中国的企业家，让他们具有更多的社会责任感，让他们愿意帮助大学生成长，是我一生不变的使命。中国的创业教育需要他们，中国的创新创业服务事业需要一群有责任感的企业家共同去推动，所有的一切都是为了——不忘初心。

某一天，我站在台上讲述创业时，突然有一股强烈的冲动，想把我的经历、方法和心路历程分享给大家。很多年了，写字的感觉已经渐渐陌生。有了这样一个开始，当我忙完一天的工作静下心来，这些文字随着逐渐清晰的记忆一一呈现。

于是，就有了这本《初心》。

赵紫辰 Apple

2016年12月24日于北京

序言一

不忘初心，不负苍生

废墟的乡村

还记得2014年的那个春天，在雅安芦山龙门乡隆鑫村骆家坝，我们的公益项目点，周围仍是雅安震后的废墟，在老骆家的临时宅院，烤着柴火，开始了我们的村民大会。这是我和Apple老师一起做的第一个公益项目，就如我和Apple做了很多最原始的创意项目一样，我们允许它粗糙、卑微、莽撞、草根，重要的是行动起来，再努力完善和成长。Apple慷慨激昂且富有磁性的声音在那个夜晚，穿透了乡村的宁静。我们吃着白菜，烤着洋芋，Apple给村民跳了个感恩村民何为希望、何为梦想、我们送给村民的舞蹈，她犹如天使，在乡村中绽放。Apple带来的不仅仅是物资，更是植入梦想的种子，让整个村庄迎接未来的变革。Apple那两天的课程特别多，能够挤一天出来到我们的震后公益项目点，我尤为惊讶，尤其是在那个商场如战场的时代，城里人做任何事都要有些回报。对此，我也曾经深信不疑。但是到了这里，如果你抱着某种功利的心态，会一无所获，因为这里没有任何功利的东西可以给你。我问Apple，村民有些土特产想送给她，她想要些什么。她回复我说，她只是希望能够送给儿子子骞一个礼物——通过自费邀请村里的孩子到北京和子骞交朋友，让子骞知道，何为责任，何为坚强，何为感恩，何为愿力。

信仰的宿命

五年前我们自驾来到甘孜藏族自治州的惠远寺，惠远寺风水极好，沿道路旁的一条土路而下，尽头便是惠远寺那一排长长的白塔。整片区域仿佛是中国的阴阳太极图，我和Apple两人在牛美郎加任波切的见证下，在活佛的诵经声中，彼此磕头结拜了。Apple曾说过，在我身上，她能感受到最涤净的心灵。当我磕着长头和她结拜的那一刻，整个房间里除了活佛，只有我们两个人，安静得让身体和心灵都极为纯净，空气里弥漫着信仰的愿力。也许这就是我们的宿命，前年我有缘再次见到牛美郎加活佛，他还记得当时主持结拜的场景。他对我说，在藏地结拜意义非凡，要始终保持敬畏之心，对阳光，对寺院，对彼此。

教育&智慧

Apple老师是国内为数不多的真正扎根于创业教育的教育家，她对于知识的追求是无穷无尽的。我曾说，她就像一块海绵一样在任何场所都能够吸取养分，努力地让自己成长；她能够在任何场合看书，并及时地将自己的知识和感受与友人们在课堂上分享；同时，她又是这么平易近人。《论语·子罕》有这样一句话："吾有知乎哉？无知也。有鄙夫问于我，空空如也，我叩其两端而竭焉。"大致的意思是，孔子说："我有知识吗？没有知识啊！有一个庄稼汉问我，我本是一点也不知道的。我就向他询问事物的两极，以穷尽事物的面貌。"孔子本人并不高傲自大。事实也是如此，人不可能对世间所有事情都十分精通，因为人的精力毕竟是有限的，世间的知识却是无限的。但孔子有一个分析问题、解决问题的基本办法，那就是"叩其两端而竭焉"，只要抓住问题的两个极端或正反两面，就能求得问题的解决办法。而Apple老师也是如此，她时常在企业最需要调整时及时调整策略，升级产业，研究解决问题的办法，展现她的领导智慧和不忘初心的特质，做到学以致用，让追随者们跟随她一起思考，一起探究，通过探索，最终形成创业生态。遇到问题通过正反两面的比较去处理问题，解决问题，去探索创业生态本质的规律，才是真正拥有智慧，这和孔子在面对问题时处理问题的办法没有区别，没有固执或拘泥，才能真正格物致知而不被外物所驾驭。Apple老师必将成为这个时代创业教育的"法布施"。

　　在陪伴Apple七年的过程中，我们一起在废墟上游走，一起在乡村中漫步，一起在寺庙里结拜，一起在雪山上翱翔，一起在色达见证天葬，一起经历了生死，一起经历了风雨，一起见证了彩虹，一起面对了磨难，一起见证了人心。我不断地体会到坚持和陪伴的重要。也许在我们今后的道路上依然有许许多多的困难和坎坷，但只要我们能够坚持不懈，不忘初心，我们就会向梦想的目标不断前进。

光荣与梦想

在陪伴Apple七年的历程中，我经历了她身边的各种圈子及形形色色的不同群体，开工厂的，做生意的，个体户，做微商的，卖服装的等等。经过Apple思想的洗礼后，他们都在做一件事情——以帮助青年人的成长为己任。我们是和这个国家一起长大的，我们应当趴下，当垫脚石，让年轻人踩着过去。垫脚石是什么？是我们的反思和我们的解构。很欣喜地看到，已经有一群人怀抱着与Apple同样初心，并以此价值观作为自己的生活方式和人生的梦想。从生意人到企业家的转变，从企业家到教育家的蜕变，赚钱已经不是他们最重要的人生目标，而是自我价值的实现，更注重生活品质，更关注社会价值。因为我们深知：一定有一种生活，可以不再被时间或金钱逼迫，回归人类本质；一定有一种人生，在做自己的同时，也能够贡献社会。做有梦想的人，就一定能遇到彩虹。昨天Apple和我分享，之前的梦想是帮助大学生拥有合适自己的人生，助推中国民族品牌发展，而现在应该做更走心的事了——推动中国的商业文明去引领世界的商业文明。这已成为她一生的信仰，可能需要好几代人的努力协助才能共同完成。

有了Apple的这种愿力，我一直认为，以塑造社会价值为核心的商业文明是可以一点一滴改变的。新的商业文明将是人与家乡的关系，是企业主的不忘初心，是发展模式的革新，是政府与青年的连结，是城乡关系的改变，是这个国家的青年价值观的重建，更是供给侧结构性改革的推动。让政府看到青年的力量，让社会看到企业的责任。我们要和Apple老师一起去拥抱新的信念，其中最突出的一点，就是不再以金钱"挂帅"，而要追求健康、快乐、知识、家人、朋友、品味、幸福、公益、分享、知足、公平、均衡等美好的新财富。在我看来，这就是Apple的初心，也是Apple的温度、厚度和广度，这是一个大大的"中国梦"。

我非常荣幸能见证Apple的第一本书《初心》的出版，这本《初心》，正是对中国社会转型道路、企业转型道路、高校创客人生道路生动的描摹。这份"初心"，既饱含梦想，也流动着创业的激情及对于社会公共价值的期许；更能以从Apple老师的自身阅历、真实的心路历程中摸索出的实践方法、经验、思想以及创新的公益理念等等，为中国社会乃至国际社会提供思考的契机和实践的工具。我们需要共同应对社会的种种问题，重新思索发展和幸福的关系，携手追求可持续共生的发展方向。共同感受Apple老师所倡导的价值观、生活方式，见证和引领新的商业文明的到来，为自己，也为苍生，这正契合了中国的时代所需，人心所向。

致敬天下"与Apple携手同行"的所有伙伴们！

程诚（将措）

2017年5月12日于上海

公益歌曲《初心》

作词：将措

（男）你心中，她心中，我们拥有同一个梦，创业的征程路漫漫，

我们与你同在；

（女）你的心，我的心，我们坚持不忘初心，公益的路上充满爱，

我们携手同行；

（男女二声部）那份初心永不改；

（群唱）啊，你是我的启明星，我们会更加精彩；

创业的火苗在心中升起，让大学生有"位"来！

（群唱）啊，她是你的启明星，我们会更加自豪；

光辉岁月忘了所有孤独，企业家也有担当！

（女声部）有温度的事，我们来传承；

（男声部）梦想的彼岸，我们来创造；

（男女二声部）心与心相连，梦与梦相牵；

（群唱）创业的道路，坚持梦想，你是我的启明星；

（群唱）人生的道路，不忘初心，她是你的启明星！

注：文中的"她"特指Apple。

序言二

心在人在

在这个世界上，如果说只能留下一个字，或者只能学会一个字的话，我宁愿把这个唯一留给它——心。

花开花谢，四时更迭，人生如书，读不尽，岁月如景，解不完……

人这一辈子，如果能做一个有“心”的人，想清楚、搞明白自己或他人的心在哪里、要去何处，能把自己的心安放好，不丢失，或者丢失后依然能找回来，那么这个人或者说这颗心，已经相当了不起了。

2017年北京初夏，我驱车半小时，来到顺义区高丽营镇的启明星工程创客小院，在花花绿绿的墙上艺术中，首先映入我眼帘的是一行与“心”有关的字：人在一起叫团伙，心在一起叫团队……这行字的对面，就是“启明星工程”创始人赵紫晨（Apple老师）的办公小屋。掀开竹帘，扑面而来的是她那张依旧熟悉、永远绽放的笑脸。笑脸的背后，我知道，扑腾扑腾着的还是那颗永远向前、不畏挫折、笑对挑战的不变初心。

我们每个人的一切行为，其实都是受他背后那颗"心"的驱使。不知道《初心》是不是紫晨的第一本书，但仅仅从《初心》这个书名上，我们应该就能感受到她那颗炽热之心背后的初心，她在哪儿，心就在哪儿。这几年，80后的紫晨在很多成功企业家、大学生创业导师眼里俨然已经是不折不扣、需要景仰的老师，不过她依然尊我为师父。也许是我的弟子们都如她那般优秀和能干，我这个为师的平时帮不上什么忙，她也不需要我帮忙，渐渐只剩下一件比较重要的责任与使命——观照和支持弟子们修好自己那颗"心"，不偏不倚，不垢不净，不增不减，从而愈发优秀而坚韧。

每个人的心灵成长，其实都是在生命的演进与岁月的打磨中历练出来的，其中当然离不开心灵导师的指引。我的心灵导师是我拜认的上师、受人敬仰的星云大师，师父给我取的法名是"普正"，一个我很喜欢的名字，我把它理解为"普通平凡但有正确价值观的人"。2010年5月，我在大师出家地江苏宜兴市策划举办了一场规模盛大的远东控股20周年庆典"世界是一家，真情20年"，其间星云师父专程赶来给参会大咖和嘉宾们开示。大师连说了四个"不"，正好都是关于我们修心的警诫，至今仍铭记于心，不敢淡忘，借这个为《初心》作序的机会，与紫晨和希望修心的诸君结缘分享。

第一个"不"：不忘初心。这是佛教《华严经》里一句伟大的经文。在我看来，"不忘初心"是关于事业之心而言的。芸芸众生里，我发现但凡能干成大业的人，有一个共同的特质——在任何时候和任何状况下，都不敢忘却最初的那个愿想或者发心。依稀记得大约是2013年初，我在南京出席江苏省政协会议期间，紫晨与他先生武哥专程千里迢迢赶到会议现场找我，谈到了他们立志帮助千千万万大学生进行创业的宏伟构想。我听了以后当场表态愿意全力支持，还为他们这个美丽的梦想取了一个更响亮、贴切且更具影响力的名字"启明星工程"（事实越来越证明这个名字的重要性）。大家一拍即合，从此走上了一条造福大学生和影响企业家的创业与创新之路。后来我发现，紫晨身上总有使不完的动力，主要源自于她的不忘初心。只要不忘最初的发心，人就能不断地给自己也给别人赋能。

第二个"不"：不请之友。这是在家居士维摩诘居士的经文。在我看来，"不请之友"是关于公益之心而言的。我相信每一个真正从事公益事业的人，都是有情怀的人，应该从来不计较于请我或者不请我。只要对方有一份需求，甚至对方还没有意识到这种需求，而你的帮助又对他充满意义，那么就应该主动伸出自己热情的双手，大胆地做一个不请之友，这在佛教就称为普善。作为曾经的大学教授，我知道每年全国高校毕业生约800万人，从象牙塔里走出来涌向社会的这些大学生，有很多优秀的栋梁之材。可是有很多人不能马上适应社会这所真正的大学，因为社会的评价体系与高校完全不同。在教育部中央教科所的《大学》杂志采访我的封面文章《大学和企业：和而不同》中，我专门谈到了这一点。这件事学校不好管，企业管不了。紫晨也在大学执过教鞭，当她看到当代大学生面临就业创业的现实问题时，她深感大学生创业需要社会各界的帮助，学生们迫切需要有人点燃他们希望的梦想，于是她志愿成为一个不请之友，带领她的团队通过"启明星工程"这个平台将成千上万的企业家培育成为"大学生创业导师"，努力破解这个看似无法破解的社会难题。这是一个大学生、高校、企业家、企业、社会五方共赢的好模式。几年时间过去以后，我们可以从"启明星工程"交出的漂亮答卷中，为她和她的小伙伴们点个赞了！

第三个"不"：不念旧恶。这是《八大人觉经》里面的话。在我看来，"不念旧恶"是关于善良之心而言的。如果一个人把朋友的错误、缺点都记在心中，心理负担就会一直很重，而人生最好的状态其实是轻装上阵。星云师父教诲我们：事有不可知者，有不可不知者；事有不可忘者，有不可以不忘者。凡是人家憎恨我们的，不可不知；我之憎恨人家，不可不忘也。人家有恩于我，不可以忘记；我有恩于人，应该忘也。有一次紫晨对我说起，我才知道在她和小伙伴们苦心经营、认真推广"启明星工程"的这几年，并不是一马平川、一帆风顺的几年，期间也曾经发生过一些事情和风波。但没有经历风雨哪能见到彩虹，如今他们已渐入佳境……既然一切都是最好的安排，那么发生什么已经不那么重要，看待事情和问题的态度才是最重要的，永持感恩之意，永怀感恩之情，永葆感恩之心，是我们每一个人把心安住的最好方式。

第四个"不"：不变随缘。这句话来自于一本佛教典籍《大乘起信论》。在我看来，"不变随缘"是关于平常之心而言的。我们每一天都会在社会上遇到千千万万种人和事，它们可谓千变万化。无论外在如何变换，我们都要有"处事不惊，坐怀不乱"和"不以物喜，不以己悲"的原则，随缘应付。人生有时候需要深思熟虑的锐气，有时候需要勇往直前的勇气，如果你特别想做某件事，最好能付诸行动并一如既往地坚持到底。因为，任何不凡行为的背后，其实都有巨大的精神支撑，"启明星工程"就是这样一件需要勇气和锐气的事情。我知道紫晨在家人帮助下不仅投入了千万元的资金为全国各地的民营企业家建立大学生人才银行，而且为了帮助大学生实现创业梦想而一天一个城市甚至几个城市地签约、培训、宣传——她就像一台不知疲倦的"永动机"！当我听说连武哥都要"打飞的"才能偶尔夫妻一聚的时候，我知道紫晨离成功不远了，因为具有这股劲头的人就没有办不成的事儿。作为企业公益先锋探索者和民营企业公益情怀的引领者，也许若干年之后，"启明星工程"的成败并不那么重要，因为哪怕从时空的角度来看，我们帮助过的每一个人和每一件事都不会从时间维度和空间维度上消失，只要"启明星工程"照亮了哪怕一个大学生成功创业的道路，这个工程都是一个伟大而有意义的创举。不为别的，只因为我们的那颗初心。因此，不变随缘之后其实又回到了不忘初心的原点……原来这四个"不"，真的是一个心态修为的闭环——

渐入佳境时，不忘初心，

利他成己时，不请之友；

是非曲直时，不念旧恶；

蓦然回首时，不变随缘。

当然，"启明星工程"在路上，我们的梦想才刚刚启航，Apple和她的小伙伴们也正在一天天成长。即便未来还会遇到这样那样的问题，但只要我们拥有源源不断的精神动力，就可以去面对和解决好任何问题或困难，这些精神动力，全都源自于我们不变的初心……

为创业增智，为创新赋能。祝福"启明星"，祝福紫晨，永远拥有一颗首先照亮自己，然后再照亮别人的初心！

心在，人就在！

徐浩然

2017年8月2日于北京

（徐浩然，著名品牌学者，资深传媒人，中国中小企业协会副会长，中国市场学会副会长，中国作家协会会员，多家企业集团、上市公司董事，多所高校兼职教授，享受国务院政府特殊津贴）

楔　子

　　我出生在南京，一个被称为"慢城"的地方。如果在全国找一个"最不适合"创业的城市，那肯定是南京——它经历过太多的兴衰荣辱，闲适悠然因此深入血脉。这里的人们可以研究文化、历史、美食、妆容，在淡淡的生活中寻找时光流逝的感觉；数千年的厚重和巷口的斜阳一起，无声无息地消散在老人们的闲谈之间。

　　我是一个从小就不安分的人，喜欢折腾，喜欢忙碌，喜欢快节奏，喜欢想到一件事就立即去做。所以，当我成为一名大学教师，看见大学生们在校园里怡然自乐、在课堂上昏昏欲睡、在寝室里的键盘上机械而飞快地跃动着手指，我非常茫然又似曾相识。那是上一个时代的天之骄子，却在这一个时代浑浑噩噩、虚度光阴。他们是正当意气风发的少年，他们浪费的今天，是正渐渐老去的、中年发福的男女们再也找不回的昨天。我真为他们着急。然而我只是任教一门选修课的老师，似乎无能为力。

　　2003年"非典"，校园的封闭让我和学生们有了更多的接触。我为他们找到了一个打发时间的方法，又把这个方法变成了他们乐于参与的活动，最终成为他们的职业选择。这是我人生的一个转折点，相信也是很多人的转折点。从那时的倒卖袜子开始，很多人喜欢上了销售，进而发现了自主赚钱的乐趣，开启了他们最具梦想和激情的人生之旅——创业。现在他们事业有成，而当初我们都没有想到，一个偶然播种的小苗长成了今天的大树。

对我而言，这件事不仅是赚钱，更是一种公益。我把喜欢折腾的洪荒之力散播到了周围，传递给了我认识的人、我想帮助的人；我从中得到了自我价值实现的感觉，这是任何东西都无法与之相比的欣慰和满足。十几年过去，我最想做的，依然是把人们从虚度的光阴中拯救出来。不同的是，那时我只是以为我或许可以，现在——我认为我当然可以。

某一天，我站在台上讲述创业时，突然有一股强烈的冲动，想把我的经历、方法和心路历程分享给大家。很多年了，写字的感觉已经渐渐陌生，但有了这样一个开始，当我忙完一天的工作静下心来，这些文字便随着逐渐清晰的记忆一一呈现。

于是，就有了这本《初心》。

目录
Contents

心　境

心　路

没有什么能够阻挡

你对自由的向往

天马行空的生涯

你的心了无牵挂

——许巍 · 《蓝莲花》

对人来说，每7年是一个阶段，应该做一个小结。上一次我在忙碌中错过了，这一次我发现，人有时确实应该停下来，对自己的心路做一番回顾。有人说，回顾意味着衰老，对此我只能报以一笑：自由的心灵，只有变迁，从不老去。

创业之殇

　　"创业"这个词，最早的接触还是在诸葛亮的《出师表》里，"先帝创业未半而中道崩殂"，然后一大篇都是中道崩殂以后该怎么办，充满焦虑和悲情。虽然未必都是在研究复兴汉室的大业，但和创业有关的种种心境却是古今相同。

　　创业很苦。资金不足，市场打不开，常常要忙碌到深夜，时刻担心创业项目搁浅。创业者们睡眠不足，情绪低落，还要强颜欢笑去鼓励员工，往往最终承担的是金钱的损失和失败的打击。这还不是最大的苦，创业真正的苦，是创业者不知道自己在干什么，更不知道自己该怎么做。心理学研究发现，绝大多数人在一个陌生的环境中、参与一项陌生的活动时会非常紧张，会语无伦次、手足无措、发挥失常。离开大学校门不久的大学生们，声称自己在创业的时候，大概多是这样的状态。

平心而论，即使是美国、欧洲这样工商业经济发达的社会，超过80%的初创企业也会在1年内由于种种原因关停。发达的经济体有更多的机会和更好的金融支持，一次创业的失败对创业者的影响并不大。但是在中国这样一个发展中的经济体，刚刚走上社会的大学生创业者，遭遇一次创业失败的打击，影响不仅很大，而且深远。尤其重要的是，创新、创业的"双创"是中国经济、社会发展的时代精神，大学生又是这个时代最具活力、最具梦想、最具未来的群体，两者之间发生的激情碰撞却以失败收场，这不能不说是整个社会深切的创业之殇。

造成这种局面的原因很多，每一次失败都有它的个性。当我们审视这么多、这么广的失败时，不难发现它们的共性在于：创业者不知道自己在干什么，不知道自己该怎么做；创业者处于一个陌生的环境中，参与着一项陌生的活动。说到这里，可能很多人并不赞同。为什么？大学不是已经开设了很长时间的创业课程吗？我们不是有很好的、已经在国外得到长期验证的各种创业教材吗？我们不是有专门的创业导师吗？我们不是还有各种扶持政策、创业实训基地、创业孵化器吗？有了这些支持，人们想当然地认为：大学生在毕业的时候已经掌握了创业的理论和能力，他们的创业没有理由失败。

但是他们还是失败了。十几年来，我接触了很多失败的创业者。谈及失败的原因，他们都觉得自己想象的创业和真正的创业差距太远了。就像清代名医叶天士说过的一句话："读书十年，无可医之病；诊病十年，无可读之书。"读了再多的创业教材，掌握了再多的理论，却没有一个可以应用的创业项目；创业多年，再回头看那些教材和理论，却感觉根本对不上号。不扭转这样的局面，我们几乎能看见未来的图景：刚刚毕业的大学生，20几岁的年轻人都不敢创业了，这个社会还怎么发展？

2003年，突如其来的非典疫情席卷京城。当时我正在北京邮电大学教书，因为学校被封闭，与学生有了朝夕相处的机会。正好有一个从事服装批发的朋友来电慰问，我灵机一动：为什么不先从朋友那里批发一些产品，让这些学生去卖呢？既能让他们打发时间，又能让他们赚一点钱，何乐而不为？于是，我先是发起了班级里愿意加入的30多名同学：我们去卖袜子！袜子批发价每双1.5元，在校园里可以卖到4元一双；卖不出去的货可以再退回给我，我每双袜子2元给他们。所有这一切，都在完全透明的机制下运行。新奇的体验、对于一个学生算得上丰厚的收益，让他们欢呼雀跃。非典来去如风，同学们还没觉得过瘾，学校的大门已经打开了。很快，参与卖货的同学越来越多，外校的学生也闻风而动。此时，我感觉到，冥冥之中同时打开的，是一道心门。

几年以后，一个事业小有成就的学生来看我。他对我说："Apple老师，您知道吗？是当年跟着您卖袜子，让我明白了市场、成本、宣传这些东西，让我知道了怎样创业。今天的成绩，就源于我卖出去的第一双袜子。"我要感谢这位学生。如果不是他告诉我这样一番话，我还在想着怎么组织学生卖袜子，最多卖到成衣、运动鞋。他的一番话又让我看到了另外的一个天地，这就是创业的开端。学生参与销售的行为，不仅仅是历练，还应该是创业意识、创业技能的培养。我不满足于当一个批发商和学生之间的二道贩子，我有更远大的理想和追求，我要教会他们创业！

当年，因为要统计销量、计算货款等，我给每一个参与销售活动的同学建立了档案。后来，我陆续对他们做了回访。在能够联系上的3000多名同学当中，有1200人在毕业以后开展了创业；在这1200人中，有200多人创办的企业已经在市场立足并有所发展，另有480多人创办的企业得以存活；其中最成功的10几个人，也正是在销售活动中名列前茅的那些同学。比起平均80%以上的创业失败率，他们的风采就是我的光彩。

这也引起了我深入的思考。这些同学知道自己在干什么，他们从销售实践中初步了解了该怎么做。因此，当他们毕业后投身创业的时候，身处的不再是完全陌生的环境，参与的也不再是完全陌生的活动。他们在销售实践中得到了成长，在出发创业时已经先人一步。而比起创业者、尤其是大学生创业者需要的理论、实训、方法，我们当前的教育做得还远远不够。我们的教材、理论多是舶来品，缺少在中国应用的土壤；我们的创业导师就是学校的教师，自己都缺少创业的经历；我们的实训是在课堂上，成果是学分，目标是毕业。这不是创业者的失败，这是教育的失败，也是整个社会的失败。

因此，我这几年主要做的事，就是在教材、导师、实训、成果、目标这些方面寻求突破。个人的力量总是微弱的，我希望能把一些收获分享给大家，让我们一起努力。

一是教材的本土化。创业涉及经济、管理、市场、财务、组织、行为、心理、传播等多个学科，其核心是理论与实践的结合。当前的创业教材，很多都是围绕国内外相关理论的介绍，学生学到的不是创业的方法和技能，而是各种创业理论综述。我们需要的是一部以可行理论为基础，结合中国经济发展的特色和实际情况，以鲜活的案例讲透普通创业者成败得失，教给大学生创业者思想和方法的本土化教材。在这方面，我已经做了一些尝试，参考中国本土的创业学研究成果，出版了一本教材——《创业原理与案例解析》。我希望能够从大家这里得到更多的创业案例，把您自己的创业故事告诉更多的人。

二是导师的社会化。过去主讲创业课程的老师，都是在象牙塔内修行多年的学究，让他们自己去创业都未必能成功。他们主讲其他课程是非常好的老师，唯独不适合讲创业。国家也很重视这个问题。团中央、教育部等部委联合认证的创业导师，正是从众多成功的创业者、企业家中遴选出来的。他们不是马云、李嘉诚这样的名人，名人的故事固然精彩，但也非常遥远。他们的一堂课，可能没有那么深奥的理论，但他们有成功的经验和失败的教训，他们讲述的案例更加生动，更贴近大学生的现实。他们给大学生们最好的鼓励是：没有人能随随便便成功，但是像他们这样的普通人都能成功，所以每个人都有成功的机会、途径和方法。

三是实训的企业化。创业不可能是课堂上完成的活动，创业的实训必须走出课堂、走进企业。现在，高校都响应号召建立了自有的实训基地。让它们真正地发挥作用，我认为还是要走企业化经营之路。基地企业化了，实训才能真正地企业化，否则就始终是纸上谈兵。因此，高校实训基地要与社会各方面力量尤其要与企业相结合，要建成一个创业项目真正的孵化器，而不是再建成一个校外课堂。

四是成果的延续化。很多大学生参加创业课程，为的是拿到必修的学分。这和玩游戏一样，是在浪费时间。创业课程真正的成果，是掌握创业的技能和方法；掌握技能和方法的过程，必然要存在于真正的创业项目当中。当前，各种大学生创业大赛组织举办得非常活跃，很多创业项目非常具有想象力，非常优秀。可惜的是，它们在大赛之后，最多坚持到毕业前，就销声匿迹了。这是极大的浪费。我们要有一个机制，让这些可行的创业项目在大学生毕业之后，就成为他们真正的创业成果。这需要创业投资机构、创业孵化机构和政府共同努力。

　　五是目标的公益化。创业的目标是什么？是创办一个能够持续盈利和发展壮大的企业。创业教育的目标是什么？是让大学生掌握创业的技能和方法。没有创业就没有企业，没有企业就没有经济，没有经济谈何社会、谈何发展？所以，创业教育是一个社会发展的基础，是一个社会最大的公益。我们开展创业教育，要把公益当作目标；同样，我们要把这颗公益之心，深根于创业者的创业行为之中。这样，才能薪火相传，创出整个国家的、民族的、社会的事业。

　　我们在这些方面的努力，最终就要汇聚到对创业者的帮助上。什么是对创业者有益的，能够尽可能降低创业失败风险的，我们就要努力地行动起来。

　　创业之殇是社会最深的痛。要想创造社会的未来，就要从扭转现在做起。我常常想，公益的精神在于关爱，最大的关爱莫过于授人以渔。所以，我把创业教育、创业培训、创业扶持当作最大的也是毕生的追求，因为我相信：赠人玫瑰，手留余香。

我们不要颓败边缘的未来

　　"学生"在汉语辞典中解释很多，但是我想在这里讲两种。一种是在校学习的人。《后汉书·灵帝记》记载光和元年始置"鸿都门学生"。李贤注："鸿都，门名也。於内置学，时其中诸生……至千人焉。"这也是我们现在普遍意义上的学生。另一种是借指向人家学习某种知识或经验、技能等的人。所有人在经历第一种含义的人生之后，应始终处于第二个阶段的状态，不断向他人学习，丰富自己。特别是对于一个创业者来说，学生是一时的身份，学习则是一生的任务。

教育本身的颓败

　　学习很重要的形式是接受教育。教育一直是神圣的事情，出现于人类社会之初，起源于社会劳动，为适应传授生产劳动和社会生活经验的需要而产生，随着社会的进步而不断发展，适应时代的发展。"万般皆下品，唯有读书高"，古代将读书作为最高尚的事情。君主制下的等级划分，只有读书，才可以入仕，改变自己的命运，做到人上人。一直到20世纪80、90年代，很多学生依然只能通过这种机会才能改变命运。中国经济社会发展一直存在巨大的城乡差距，农村里的孩子想要出人头地就只有读书，从农村考入城市的大学，从此改变自己的命运。但是现在大学生的差别实在太大，读书改变命运已经没有那么明显，那些只读了高中的孩子，生意做得风生水起，那些大学毕业的孩子，每天朝九晚五地辛苦工作。

　　教育需要改革。人们说这是个"拼爹"的时代，"拼颜值"的时代，"无聊经济"催生了"直播经济"和"网红经济"的快速发展，书读得好不如胎投得好。这逼迫教育必须进行改革，像孔子提出"有教无类""因材施教"。我们希望的是让教育去适应孩子的成长，而不是让孩子接受统一化的教育，固化他们的思维。他们在学习中被不自觉地驱赶着，本该独立思考的孩子不断地被压迫着，麻木地接受听不懂的知识甚至接受不适合他们的教育。在这种学习环境下，培养出来的孩子失去的是天赋，他们只是应试教育下刻印出来的模子。

　　目标，不是用来实现的，应是用来激励我们向前的动力。中国的学生进入大学之前需要经历"高考"这道人才选拔的关卡，为了激励学生在高中时期努力学习，家长和老师会告诉他们这样一句话，"你现在苦，也只是苦这几年，等你上了大学你就轻松了"。在这样的目标导向驱使下，经历过"高考"的学生们，上了大学之后，就真的觉得目标实现了，任务完成了，终于解脱了！

根据马斯洛的需求理论，人在实现了低层次的物质需求后就会追求更高层的精神目标。可是，大学生的父母们传递给他们的观念是，"努力学习，考上一所好大学你就解放了，我的任务也就完成了，以后的路你自己走吧"。学生们把这句话当成准则，奉为信条，确定了自己的最高目标："考大学"。人生最痛苦的事情是什么？目标实现了啊！已经到了需求理论的最高阶段，感觉自我价值都实现完了，于是他们在实现父母设定的目标之后，感觉人生不过如此，好像也没有太大的意义嘛。大学就应该是天堂，于是懒觉、游戏、逃课、韩剧成了家常便饭，少男少女都成了宅男宅女。除此之外，真的没有追求了吗？当前的教育就处在这样一个颓败的边缘，它产出的"产品"，需要在社会中重塑。如果社会再不能给孩子们一个良好的导向和发展的通道，他们将真的一步步颓败下去，陷入万劫不复的深渊。遗憾的是，我们当前的社会已经变得越来越目标导向，这是非常可怕的。目标导向的含义只有一个：为了达成目标不择手段。

在大学里，我接触的大学生大致可以分为以下几类。

1. 爱思考，有自己人生规划的大学生

　　这些学生多愿意将时间花在图书馆以及课堂上，来学习各种知识，或者想要继续深造。这类学生中会出现学生干部和评奖评优的好学生，但有一个缺点，大部分都缺少实践能力。他们在学生会等学校组织中学习到的依旧是关于学习方面的知识，与专业相关的基本没有。我希望他们能够多多参加社会的实践活动，将理论知识运用到实践中去。

　　2. 打工小狂人，相信打工能够学到更多

　　这类学生，不管是在工作日还是周末，他们都会出现于各种打工现场。我不否认打工能够帮助大学生更快地积累社会经验，但是会有部分大学生打工到走火入魔的地步，放弃上课时间，去从事1小时赚取10块钱的工作。在我看来，这完全是得不偿失。我希望他们能够认识到课堂知识的重要性，学习理论知识，这几乎是他们系统性地学习专业知识的最后机会。

　　3. 觉得无聊，每天醉生梦死地生活

　　这类学生最喜欢做的几件事情就是呆在寝室，玩游戏，日夜颠倒，沉迷于网络，好像得了"空心病"，没有主心骨，对什么事情都没有兴趣。这类学生我们不能武断地做负面评价。他们都还是没有被雕琢过的璞玉，因为短期内没有了目标，失去了努力的方向，找不到自己的位置。我相信他们在合适的地方能够让自己大放光芒，他们需要一个展现自我价值的平台。

　　大学，对于一个人的成长成才起着至关重要的作用。大学，应该是一个主动、不断地接受新事物、学习新技能的地方。大学生是天之骄子，是被眷顾者，是社会选择出来重点培养的对象。他们如此颓废，是国之哀，民族之危。如今中国面临着"用工荒"和"农民工返乡潮"，加上每年大学生毕业数量激增，竞争压力如此巨大，大学生又该何去何从呢？多数人眼高手低，导致自己找不到满意的工作。大学老师不存在升学压力，教学也不完全以传授的知识和技能能否满足学生走向工作岗位为目标开展。因此，不管学生学到了多少本事，老师的任务是完成自己一天的教学工作，而不是多花时间帮助学生提升知识应用水平和实践能力。没有教学反馈机制的要求和约束，学生们又怎么养成课后思考的习惯呢？曾经只要考上大学，就不需要担心工作，因为学校会包分配，但是现在学校不再承担，完全靠学生自己找工作。接受教育已经不再是改变命运的途径了，当代的大学生需要通过自身的努力来改变自己的命运。创业，是一条改变自己命运的途径，一条可以从此成为人生赢家、实现自身价值的道路。

对于很多大学生来说，工作岗位也许不是自己喜欢的，甚至工作内容都与自己的专业没有关系，不能展现自己的特长，更有甚者连工作环境都非常压抑。大学生不想自己的将来是这样一种状况，不想将来为他人打工，最好的办法就是自己创业。

我也是一名母亲，我也希望自己的孩子将来能够成长成才。我不断地培养他的独立能力，希望他以后能实现自己的人生价值。

在国外，我们能够看到，美国的父母从幼儿开始就格外注重培养孩子的独立能力培养，因此美国的大学生普遍动手能力强，有独立意识和独立能力，并且他们在大学里所做的事情一般和自己从小到大的兴趣有很大的相关性。而在中国家长式的家庭里，孩子几乎没有能够完全脱离父母的，进了大学往往是第一次离开父母、离开家乡，这个时候，刚刚实现所谓"目标"的他们没有独立的人格，很难对下一阶段的目标进行规划。因此在培养大学生时，的确需要改变我们的传统教育方法，更要改变我们的教育思想。大学生应该意识到：在大学里，你需要学习的东西更多，同时，大学也是发挥自己的特点和培养自己的兴趣最好的地方。大学生们是国家的未来，民族的希望，想让他们扛起振兴祖国的大旗，我想我们需要一起付出努力。我希望所有的大学生都学会这几件事：学会课堂上认真学习，能在图书馆里静下心来阅读几本好书；学会与他人友好相处，交一些好朋友；学会走出寝室，走向社会，多锻炼自己。这样将来走上社会的时候，不管是就业还是创业，大学时的积累都会起到莫大的帮助作用。

大学生创业的艰难

大学生在学校接受的教育都是书本知识，缺少实践和社会的接触，没有真正经历过社会的磨炼，而且大学生对自己的未来多不清晰。所以自创业热潮掀起之后，学校里的大学生有创业意愿的很少，即使有学生明明很想创业，也终究没能迈出第一步。

1. 大学生是"生活在象牙塔里"的一群人

学校最早是专门传授和学习的机构，当时称为"成均"，这就是学校的最初萌芽。到了夏代，则有了正式以教为主的学校，称为"校"。孟子说："夏曰校，教也。"大学作为学校，是向社会过渡的一个衔接阶段，在大学里学生能够接触到社会中的一些事物，有助于学生与社会接轨，同时又没有来自社会各方面的压力。没有巨大的精神压力，没有经历过社会残酷的优胜劣汰，大学生缺少了忧患意识。于是大学生总是被称为"生活在象牙塔的人"，他们当中选择创业的就会减少。部分大学生家庭条件优越，家人已经为之安排好了职位，他们又怎么会选择一条如此辛苦而又看不清能否成功的小径呢？

2. 大学生的创业意识没有被忧患意识激发出来

大学生没有创业意愿，我觉得最重要的原因是，当代大学生缺少了忧患意识。梁启超曾说："少年强，则国强；少年富，则国富；少年进步，则国进步。"安于现状的大学生如何能进步呢？对比美国、日本，让我们不得不对大学教育进行深刻的反思。当然我在这里不对其展开讨论，此处主要讲述对大学生自身的挽救和激励。那么，该如何帮助大学生激起学习、创业的激情呢？通过开展各类活动，让学生积极参与其中，体会到其中的乐趣，会大大减少学生浪费在游戏、逃课等行为上的时间。创业意愿是可以激发的、培养的。鲁迅先生用笔与敌人进行斗争，我达不到鲁迅先生的高度，但是语言是我拥有的最强大的力量，我通过自己的语言，与大学生的惰性展开博弈。我想通过举办一系列的讲座等活动来唤醒青年一代内心的激情，使他们愿意为了改变自我、重塑自我而觉醒、而行动、而成功。

3. 大学生手头没有创业项目

大学生在校园内，接触不到那么多资源。虽然从网络和书籍中，他们每天都可以看到那么多经济新闻和经济知识，但是没有人系统地帮助他们从中提炼出应用性、实战性较强的知识。创业想法可以天马行空，想得越多，创业的点子就越能被激发出来。但是创业项目不同，创业项目除了有丰富的想象力之外，更重要的在于是否将想法、点子转化为可落地的产品或者服务的能力，然后能否适应市场，能否顺势发展，能否吸引投资乃至进行项目扩张。

大学生创业失败率高，因为在创业中遇到的困难，没有平台能够帮助他们解决，项目可行性得不到验证，没有平台帮助他们进行管理。现如今，国家鼓励"大众创业，万众创新"，这使得大学生创业迎来了一个新高潮。大学生在课堂学了创业的相关知识，不去输出，就无法在实践中检验自己的应用能力。我鼓励大学生积极响应国家的号召，参与到创业活动中来。大学生也许没有好的创业项目，但他们有一腔热情和得天独厚的市场资源优势，和企业家牵手一起干，成立大学生事业部，不仅能够得到企业家的产品供应支持，还能够受到企业家精神的积极影响，在学习的同时，也能很好地锻炼自己。大学生作为一个创业群体，有他们自己的优势：国家政策的支持，学校老师的帮助，同学之间天然的资源，这些都是他们较之社会创业者的极大优势。此外，企业家们丰富的社会经验加上一代人的创业情怀，能够给大学生提供最佳的创业启动支持，降低了他们的创业成本，提升了他们的创业成功率，这不就是双赢吗？

激发起创业成功的信心

我们先从宏观上来看国内公益创业的机遇。虽然我国的公益创业相比国外要来得晚，但是国内现在公益创业也开展得轰轰烈烈，如今在公益圈、创业圈，人们逐渐意识到公益创业对于社会和谐发展与推进社会治理能力提升的重要性，与之相关的"社会创新""影响力投资""公益创投"等领域的理论研究与实践也得到了快速的发展。我与我的团队也想为之贡献自己的一份力量。通过这些年的努力，只是微有效果，在这条路上我们还有很多工作要做，很多很多……

我们再来看看公益创业项目自身的潜力。创业项目，我现在专注的就是公益创业。公益创业，重要的是多方合作，企业需要承担社会责任，大学生需要高质量就业，这是一个显著的社会问题。大学生没有创业项目，企业可以通过公益创业的方法盘活自己的资源。公益创业是企业家在兼顾经济效益和社会价值的同时，解决好社会问题的创新过程，企业家牵手大学生建立公益性企业，在承担更多社会责任的同时，一定程度上缓解了就业压力，创造了更多就业机会，提升了大学生的输出质量，培养了更多愿意从事公益事业的人，使公益型企业具有自我造血功能。

我突然想到心灵鸡汤，追溯它的历史，恐怕要从1993年由杰克·坎菲尔与马克·汉森共同负责出版和发行的《心灵鸡汤》系列图书讲起。我想说的是，这么多年来，人们从赞扬慢慢意识到鸡汤的危害，看到鸡汤中的荒谬，却从来不去解决面对的问题，永远只是以一个正面角色来告诉人要积极向上。在我看来，心灵鸡汤运用得当确实能够帮助大学生，那么如何才能正确运用呢？以积极的心态面对光明的将来，在人们需要的时候给出正确的指导和方向。我希望我的讲座既能带给大学生"心灵鸡汤"的作用，在他们迷失的时候指引他们，激发他们的创业雄心和成功信心，又能够切实地帮助他们学到创业的理论和技能，为将来投身创业做好准备。

2015年的4月份，我到攀枝花的一所学校里做宣讲，有个女孩子找到我，问能不能参加我说的那个"中国大学生移动互联网创业大赛"？我说："能啊，热烈欢迎参加大赛！"于是，她自发组建了一个学生团队，但是没有现成的创业项目，她只能自己找项目。后来，她启动了"阳光助农爱心创业"项目，工作内容就是帮助攀枝花地区的果农卖芒果。当地的芒果真的很好吃！可是农民没有销路。这个项目的队长被大家昵称为"芒果小妹"。攀枝花地区信息闭塞，交通不发达。"芒果小妹"就发了一篇软文在互联网上传播，呼吁大家购买芒果。同学们就这样开始了卖芒果的创业，一年之后发展起来了，每个月芒果大约能卖100多万元，利润约为20多万元。

更让我感动的是，同学们利用卖芒果赚取的利润，帮助果农的子女建立教育基金。"芒果小妹"说，在没有参加这个活动之前，她得了空心病，也就是抑郁症。因为她爸爸是做企业的，家庭经济条件还算不错，所以经常无所事事。"芒果小妹"通过这个活动，到村子里帮助果农，获得了果农们的赞扬。同学们再打电话给我的时候非常激动，说是感谢我让她们参加这个活动，让她们明白到生活的价值——生活的价值不是在于吃多少、喝多少、花多少钱，生命的价值在于帮助了多少人，让多少人获得幸福。

地大物博一直都是我们给予世界对中国的印象，其实中国并不富裕，贫富差距也很大，农民往往由于处于偏远地区，又不懂得如何使用互联网工具进行销售，就缺少了销售的通道。"芒果小妹"用公益创业的做法使销售成为可能，并且帮助果农们扩大销量，提高收入，通过建立助学基金，使果农的孩子们有了接受更好教育的机会，最重要的是挽救了目标缺失的大学生们……我想通过坚持不懈的讲座和活动，逐渐从根本上扭转大学生接受到的观念误区，希望将来大学生能够找到自己想做的事情。

忧患意识是帮助人们进步的一剂良药，民族发展需要始终心存忧患意识。公益创业是一种社会氛围，对企业来说，在学生群体中提升知名度才能在下一代中树立自己的品牌形象，贴上公益的标签才能得到更多人的帮助和支持。民族的才是世界的，大学生愿意为了公益创业奋斗的时候，我觉得他们才是民族的希望。这是一个最好的时代，颓败边缘的未来是我对于未来的忧虑。但是也许，新一代们总能给我们无限的希望和更好的可能。

命运是弱者的借口

命运通常被用来解释成功。当我们问及一个人成功的关键时，他经常说"运气好""赶上了"。我们也都知道，这是成功者的谦虚，因为在他们身上还有我们所不知、所不能的优秀乃至卓越。但是命运绝不是失败者的借口。如果失败是命运，那么我们的苦苦追求就是徒增笑料。命运之神断不会这般残忍，将厄运加诸奋斗者之身。

从fate和destiny说起

命运是每个人内心深处最具神秘主义的角落。再坚硬的心在某一刻也会有所感慨：或许，这就是命运。于已经过去的时光，命运的含义就是一系列偶然，让我们成为现在的我们；在可以预见的未来，命运的含义就是一条固定的世界线，难以改变。当然，这些都只是"有所感慨"吧。大学生，如梦的年纪，如诗的时光，充满未知和想象，不相信什么命运。然而，能够看到的未来似乎难以摆脱：毕业，打工，供房贷，结婚，生子……对于大多数人来说，这就是一条固定的世界线，甚至被认为是"美满生活"的世界线。

这条世界线所代表的，就是一个人的生活轨迹。当然，即使知晓了命运，它也需要我们自己去体验。在这个体验的过程中，最痛苦的莫过于不仅结果被限定，过程也被限定下来。统计数据表明，日本人的自杀率居于世界前列。其中一个很重要的原因就是，这个论资排辈的社会，从进入社会开始就决定了绝大多数人一生的轨迹。这样的轨迹让人心生厌弃。2003年，我就是怀着改变命运的初心开始了创业之路，而今，我依然对无法预知的未来充满想象。

英语里有一对同义词，它们都表示命运：fate和destiny。不同的是，fate表示的是一个人注定的宿命，destiny表示的是一个人生而为人的使命。如果说俄狄浦斯杀父娶母的悲剧，无论如何都难以摆脱，这样的人生是fate的话，那么阿喀琉斯的牺牲并非上天注定，而是他选择了自己的destiny，成为一个英雄。对于我们每个人来说也是如此。如果我们无法选择地出生在一个普通人的家庭，出生时没有含着象征家族荣耀的金汤匙，我们是不是就只能接受这样的命运，所做的一切努力只是为了完成那条固定的世界线？

当然不是。这条固定的世界线所代表的并不是一个人的命运，而是社会阶层的固化。

教育还能不能改变命运

过去，"朝为田舍郎，暮登天子堂"是读书人的梦想，金榜题名就能改变一个人的根本属性。在20世纪80年代甚至90年代，考上大学仍然是一个农村孩子的梦想，也是改变他们自身命运的途径。它代表了一个人在二元结构中城乡、工农、脑体差别的彻底改变。两个孩子，一个考上了大学，有了国家分配的工作，成为财政体制供养的成员，摆脱了农业生产、体力劳动，在城市得到了立足之地；另一个没有考上大学，就只能留在乡村继续务农，期待着下一个改变命运的机会。这样的结果是残酷的，是能否获得了教育机会导致的结果。人们都能接受，考上大学的那个孩子，他的命运发生巨大的改变是理所当然的。

人生发生这样巨大的改变，背后有什么样的力量在作用呢？结合历史我们不难明白，当时的中国经济正处于一个从极低水平起步、向更高水平追赶的过程中，对知识的渴求、对技术的依赖是任何时代都无法相比的。因此，拥有了知识和技术的人才，在经济质量的快速提升过程中，获得了最大的尊重，也赢得了最高的地位，这就是教育改变命运的实质。到了21世纪，中国的经济已经不再是从极低水平开始的质量快速提升过程，而是水平仍然较低的数量扩张过程。此时，知识和技术对于社会发展、经济增长的边际效用已经趋减，大学生的地位也就无法与上个世纪相比，他们的聪明才智更多地被淹没在了巨大的经济体量中。当然，对于出身贫困家庭的大学生来说，这是追赶经济发展步伐的过程，他们的处境依然有所改观。

这就是所谓的命运——我们的努力无法撬动经济的变革，我们也因此难以实现身份、阶层、地位、处境的实质性改变。对于一个发展中的社会来说，这样的现象就是"阶层固化"。往轻微处说，它会影响一个社会发展的健康程度；往严重里说，它会断绝一个社会的生机。由此我们发现，教育已经很难改变一个人的根本命运，中国的经济发展到了一个平台期。无论是国家、社会，还是我们个人，都到了一个向上突破的关键时刻。

此时，我们以什么改变命运？唯有创业！

创业才能改变命运

一个社会的发展进入了平台期，我们能够看见的就只有同样水平的量的扩张，而难以看到经济质的提升。经济的各个领域都在利用既有的产能和市场获取利润，缺乏创新的动力；创业者一旦选择进入传统的经济领域，就很难与已经形成固定渠道的企业竞争。这样，整个经济便逐渐失去了活力，它带给每个人的就是那样一条固定的世界线。

2015年，李克强总理在政府工作报告中提及了一个概念——纵向流动。在谈到促进教育公平发展时，报告承诺："畅通农村和贫困地区学子纵向流动的渠道，让每个人都有机会通过教育改变自身命运。"在谈到培育和催生经济社会发展新动力时，报告提出："推动大众创业、万众创新。这既可以扩大就业、增加居民收入，又有利于促进社会纵向流动和公平正义。"

从社会变革发展的角度看，也只有创新创业，才是一个社会不断发展的动力之源。如果说国家、社会的任务是发展生产力，那么创新创业就是形成生产力并使生产力发挥作用的过程。质量不变、数量扩张的经济，总有一个扩张的极限。要想突破它，实现新的发展，就必须改变经济的质量，也就是创新创业。创新创业使新技术、新模式得到了应用，是新技术、新模式变现的过程；它所创办的企业，也使市场的内涵和外延得到了充实和丰富。只有不断地创新创业，经济社会才能不断向前发展。在当前的中国，创新创业是比任何时代、任何地区都更加迫切的需求。

改变命运的力量，不是某个人偶然的成功，而是一个社会通过变革而催生的机遇。创新创业就是我们的社会变革发展的根本。就业固然是很多选择中最为稳妥的，但是就业只是使原有的体系有了量的增加——多了一个劳动力，而创业尤其是创新创业，会使原来的体系有质的提升——多了一个企业，多了一个利用新技术、提供新产品（服务）、创造新市场、带动新就业的企业。成功的创业，无疑会使一个人的命运发生巨大的变化——纵向流动。

我们很幸运，生活在一个参与和见证社会深刻变革的时代。更加幸运的是，大学生这个巨大的群体，本身就是我们的巨大财富。

公益创业之路

时代造就了大学生这样一个大型的群体。2001年以来，高校毕业生逐年增加。2001年当年，全国高校毕业生114万人；到2007年，毕业生达到495万人；2015年更是达到了惊人的749万人。2001年到2015年这15年的毕业生总数达到7300多万人，再加上此前未列入统计和今后几年陆续毕业的，大学毕业生总数将超过1.5亿人。历年大学生毕业人数如图1-1所示。这样多的大学毕业生活跃在经济的各个领域，他们不仅会逐渐成长为经济建设的主力军，更重要的是，他们还将成为未来最具消费能力的群体，成为社会的中坚。

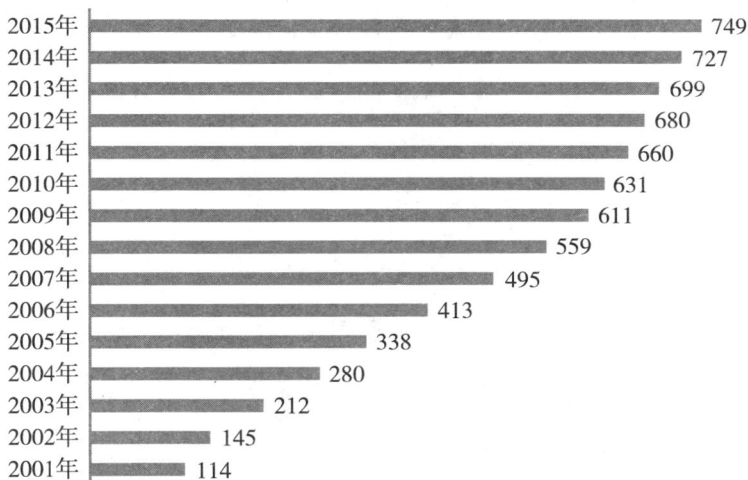

年份	毕业人数
2015年	749
2014年	727
2013年	699
2012年	680
2011年	660
2010年	631
2009年	611
2008年	559
2007年	495
2006年	413
2005年	338
2004年	280
2003年	212
2002年	145
2001年	114

图1—1：2001—2015年历年大学生毕业人数（单位：万人）

【案例】一名大学生的公益创业探索

因在中关村组织"人肉斑马线"活动，22岁的大四学生林格和他所在的团队"青年安全联盟"一炮走红。而在从事公益活动的时候，林格和他的团队淘到了第一桶金——获得了一家饮料企业的赞助。从此，林格率领团队走上了一条崭新的创业道路——公益创业之路。

林格把他们的团队命名为"青年安全联盟"，旨在提倡和帮助人们实现安全出行。这个建成不到一年的团队有5名核心成员，都是大学生，或在校或即将毕业。

在参与公益活动的过程中，林格看到了人们对公益服务的巨大需求。随后，他在网二发起了一个"爱心时光当铺"活动，即在网上征集网友，帮助需要帮忙的人，如无人照看的小孩。这样一个"玩"的想法得到了网友的热烈响应。不久后，他又收到朋友的请求，说中关村交通拥堵，希望他们能为路人的出行提供服务。林格于是据此和朋友们在中关村的路口组织了一起"人肉斑马线"活动。近百人打起"停下来并不寂寞，跨过去成为传说"等横幅，提醒人们关注交通安全，引来众多媒体关注。

这让林格和他的同伴首次感受到了"公益活动"的力量。林格团队新颖的公益理念和方式，也为他们赢得了一家大型饮料企业的青睐。如今，林格团队已与该企业达成合作：对方出资，林格团队来负责实施安全出行的公益活动。林格说，过去搞活动都是根据大家的建议，先确定活动，再进行准备；现在跟企业打交道，则是先要确定一个项目计划，分析它的社会影响，策划它的实施细节，特别是要告诉企业它能给企业带来什么。

　　林格说，其实，这第一桶金并没有多少钱，它更像是一次尝试。在他的造血模式中，利用公益活动的社会性，向企业申请赞助，通过公益活动推广企业品牌；反过来，企业的赞助不仅可以维系公益的发展，也可以满足团队的生活需要。

　　最开始，林格并没有想到或者说并不知道"公益创业"这条路，和很多大学生一样，他的求职之路也是从一遍遍地投简历和面试开始的。

　　让林格没有想到的是，他一直当作"业余爱好"来从事的公益活动，让他找到了适合自己的创业道路。其中的契机，就是2009年联想公司在北京启动的"联想青年公益创业计划"。林格很想参与这项计划，他坦承，吸引他的一个原因是主办方会为获胜者进行专门的"公益活动"培训，另一方面，获胜者可以获得10万元的奖金也是一个很大的刺激。

　　尽管最后林格和团队并未获胜，但这次活动却让他的职业观念有了一个极大的转变。"原来'公益'也可以当作人生的一项事业来经营。"林格说，"原来我可以谋生的事情就在我身边，只是我始终没有意识到。"

　　"真要把公益当作事业来经营，我们需要学习的还太多太多。"林格的话，也许代表了诸多正在公益创业路上摸索的个人或团队的处境。（原载《北京青年报》，有删节）

巨量的大学毕业生涌入就业领域，产生的就业压力不容忽视。从短期来看，解决就业问题只有开源——创办更多、更有活力的企业，才能吸纳更多的就业人口。从长期来看，随着中国社会人口老龄化日益严重，中国的就业人口不是太多而是太少了。这样巨量的大学生是我们解决人口老龄化问题、实现平稳过渡的宝贵财富。不仅如此，大学毕业生这个群体和时代相结合，会迸发出前所未有的激情与梦想。我们处在前所未有的创新创业的大时代，大学生是任何时代知识、技术、活力、未来的承载力量。两者的结合，既解决了创业者来源、培训、成长的问题，又解决了创业项目人才、智力、科技、创新、消费的问题，真可谓天作之合。从这个意义上说，我们比任何时代的大学生，都更应该享有"天之骄子"这个荣誉！

我们先不必谈当代大学生的情怀和责任感，这个1.5亿人规模的群体，是最具知识、技术、创造力、消费能力的群体，要发展经济，首先就要利用好自身体量这个巨大的市场。同时，大学生群体要搞好创新创业，必须在内部更有效地组织，实现互动、互助、互利，也就是要以公益的模式来建立关系、建立市场。只有把公益和创业有机地结合起来，使公益成为创业的目标、市场和方式，使创业成为公益的环境、对象和承载，大学生群体才能真正地发挥创业、创新主力军的作用，实现时代的变革和自身命运的扭转。也只有这样，大学生群体才能担负起时代的责任，把对祖国、对民族的爱，实实在在地表达出来。

　　我们讲情怀、讲责任，离不开实实在在的行动，离不开创业+公益的发展之路。从我们步入大学校园那一刻起，命运就已经发生了巨大的转变，它不再是弱者的借口，而是一个真正的天之骄子迎接挑战、拥抱时代的未来。

　　There is no fate but what we make for ourselves.（《终结者》中台词，意为：所谓命运，全在于我们自己。）

公益，益在何处

我们经常把公益挂在嘴边，说某种行为是公益的，体现了公益的精神，等等。但是公益到底是什么，它益在何处，人们的心中是模糊的。在感性的层面，我们体验到公益是利他的，是互助的，是互益的，这些都包含在公益的范畴之内。而实际上，公益的含义要比这些更广阔，也更深刻。

什么是公益

很多人把公益狭隘地理解为捐赠、慈善。必须承认，慈善是精神和物质上的利他行为，符合公益的特征。同时我们也要看到，慈善解决的是局部的、个别的、具体的问题，它属于"益"，但还不够"公益"。那么，什么才是公益?

　　首先，公益要体现足够的"益"，即利他。一个企业实施技术改良，生产的产品有益于大家的生活，为什么这样的行为不被称为公益？因为它利他的特征不明确。在公益的意义上，利他表达的是行为的出发点和归宿。企业实施技改，出发点是市场需求，归宿是增加利润，它首先是利己的。公益需要投入，资金从哪里来？所以我们并不反对公益的获利行为，只是强调它的目标和结果的利他性，即一项公益活动，不能把利他作为利己的手段，而是要把利他作为目标和成果。

　　其次，公益要体现足够的"公"，即公共。我们看见一个朋友或者陌生人需要帮助，于是向他伸出援助之手，这是不是公益？这是明显的利他行为，但是不够公共，没有提升公共的利益，因而它只是一项善举，不能被称为公益。很多的慈善行为也如此。公益行为一定要能够让尽可能多的人受益。

　　最后，公益要体现社会性，是一种社会行为。公益是一个社会的缓冲器和平衡器。如果没有公益，底层的诉求得不到任何形式的满足，最终他们的出路只有一个：造反。这样对整个社会来说都是损失。与其如此，何不在他们还没造反的时候给他们以帮助，让他们能够生存、进而有质量地生活呢？古代发生灾害的时候，官府和富户都要开仓赈济，以避免灾民为乱，同时彰显爱民之心，更何况现代。

Apple观点：公益不能止于救济

最近两年各种公益组织给大别山地区的小朋友们捐钱、捐物，各种公益组织聚集于此，致使大别山地区发生"公益大爆炸"。

2014年"艾德1+1微公益"四进大别山；2015年11月10日，"游戏力量"组织关爱大别山公益之行；2015年11月19日，"时代会"组织大别山暖心公益之旅；2016年6月28日，上海浦东"全欣公益"走进大别山进行物资发放……或大或小的公益组织，为大别山的小朋友们送去电脑、文具、图书、衣服，帮助改善当地校园环境，提高学习条件，并给贫困留守儿童家庭送柴米油盐，或者每月捐款，或者一次性捐款。

然而，接踵而至的爱心援助活动却致使小朋友们养成了"伸手要"的习惯，让主动做公益的人士变成了"被公益"。他们的"正能量"既尴尬了自己，又误导了孩子们的价值观，伤害了祖国的花朵。

这个案例给所有对公益慈善"乐此不疲"的公益人士，尤其是那些认为"捐钱就等于献爱心"的公益人士，一个赤裸裸的教训！

做公益一定要有方式方法，有创新，将公益落到实处。到处捐钱的行为，是"伪"慈善，只会误导孩子们的价值观！孩子们从小就会觉得接受别人赠与是理所当然的。

企业公益要真正发挥作用，提升品牌形象力，承担社会责任，可以通过用慈善的情怀、公益的系统，让援助对象共同参与的方式，为弱势群体提供创造财富的机会，让弱势群体凭借自己的力量，主动为自己的生活创造来源。要让他们觉得自己是有能力、有价值的，更加积极地去创造价值，而不是一味地等待救济。

我们把这几点综合起来，就不难看到，公益是一种面向公共的利他行为，其目标在于满足全社会的某项诉求，并以此提升全社会的该项福利。这是"外人"眼中的公益。我们参与者眼中的公益，是基于情怀的愿景，是对社会整体的环境予以改良的诉求和行动。这是公共利益的最终追求。我们能做的，是从小处做起，比如从授人以"鱼"开始。我们在助人和互助中成长，不仅实践内心的情怀，同时增长自身的能力。

公益的形式

一句话鼓舞着蜘蛛侠与恶势力斗争：一个人的能力有多大，他的责任就有多大。这句话也可以反过来说：想承担更大的责任，就必须培养更大的能力。在我们可见的范围内，公益可以通过以下几种方式参与，它们需要的能力也各有不同。

第一，授人以"鱼"。以捐款、捐物等形式参与捐助、慈善活动，作为志愿者参与到某项具体的公益活动中，这些都可以视为"授人以鱼"的公益参与形式。这种公益参与基本上不需要什么门槛，更多体现的是参与者的热情和某项简单技能。比如在2008年奥运会期间，北京市的众多志愿者承担起了城市服务的工作，为奥运会的成功举办贡献良多。这样的参与是必要的，但也是短期的、偶然的。一个人需要谋生，需要在城市立足，他就不可能把全部的精力都投入在公益中，而只能利用零散的、可自由支配的时间或金钱。这个特征也就决定了，授人以"鱼"类型的公益活动是非特定人群的自发参与，它的益处也就体现为直接、具体的利他行为。

第二，授人以"渔"。"渔"是什么？如果说"鱼"是直接的益处，那么我们就可以把"渔"定义为能够持续产生直接益处的能力、机制、组织、方式等。具体到我们所处的经济体，对他人能够持续产生这种益处最好的方式就是吸纳就业，而能够吸纳就业直接的方式就是创业。就业是一个社会能够持续稳定发展的根本。就业出现问题，整个社会就会面临危机。为什么国家把创业放在如此重要的位置，原因就在于，持续、优质的创业，才能实现更充分的就业并提升就业的质量，经济才能继续发展。因此，我们有理由把促进创业当作这个时代最重要的公益。促进创业，最为直接和迫切的需要，就是培养更多掌握创业知识和技能的心智成熟的创业者。创业并不是直接的利他公益，而培养优秀创业者尤其是大学生创业者，则是社会公益的重中之重。

我们比较授人以"鱼"和授人以"渔"这两种公益行为，不难发现，后者的公益比前者更有针对性，也需要参与者具备更专业的知识和技能；同时，前者产生的利他的益处也要大得多。如果我们站在国家发展的高度看待公益，那么创业培训无疑使公益的源头得到了拓展，从而使国家的发展有了更好的资源和依托。所以，我对现在所做的培训创业者的工作感到非常自豪，非常有成就感。

第三，授人以"海"。"鱼"和"渔"离不开的是"海"，这个"海"就是市场。我们想要授人以"鱼"或"渔"，如果仅仅着眼于既有的市场，那么实际上只是把新的竞争者投放进去，我们教给他们竞争的法门，这样是称不上什么公益的，它只是改变了分配的结果。必须对市场有新的拓展，才能称得上是公益的。认识到这一点，我从最初就有意识地去寻找它，并试图建立它。这个新的市场，一片新的海洋，就是大学生群体本身。

案例：颇具创意的"校园公益跑"

3月20日，武汉莫着急文化科技发展有限公司总经理尤庆南与中南财经政法大学签署总额为100万元的捐赠协议，建立大学生"劲跑基金"，连续十年为该项目提供资金支持。这是目前湖北在校大学生出资发起的首支公益跑基金。

捐赠人尤庆南是中南财经政法大学工商管理学院2015级全日制在读研究生，同时也是一名大学生创业者。2016年初，他创办的武汉莫着急文化科技发展有限公司在该校创业基地注册入驻，并出任公司总经理。

尤庆南认为，在互联网+时代背景下，作为一个农业经济学专业的在校研究生，在攻读专业的同时，必须理论与实践相结合，专业才能学以致用。于是，他积极响应李克强总理"大众创业、万众创新"的号召，敏锐地将创业点聚焦于文化创意、品牌农业。

创业是一条孤独而又充满挑战的道路，在创业实践中他深刻体会到健康的心态、敢于挑战的坚强斗志、不忘初心的奉献品质是公司越走越远的坚实基础，因此，他申请注册了"莫着急"的企业品牌。

作为在校大学生，每天生活在校园里，部分大学生的生活状态让他感同身受。据他观察和了解，大约有60%以上的学生大部分课余时间都待在宿舍，玩游戏、泡论坛、玩新媒体，以及学习、娱乐、交际、消费等活动都是通过电脑和手机完成。这种"宅"现象已在全国高校广泛存在，势必造成身体亚健康、心理微压抑、荒废学业等诸多不良影响。尤庆南表示，这正是他发起公益跑基金的初衷之一。

尤庆南来自湖北黄石的农村。作为一个贫困县农村出身的孩子，尤庆南对留守儿童的处境一直非常关注，而中学时曾受过劲牌公司爱心资助的他也一直怀有一颗感恩的心。

如何将大学生的身心健康和留守儿童的身心健康更好地结合起来？经与中南财经政法大学校团委沟通，尤庆南毅然决定发起成立"劲跑基金"，发起公益劲跑活动。活动的主旨在于两点：一是倡导大学生走出"宅"门，把体育锻炼当成一种生活方式，把增强身体素质与锻炼意志、砥砺品格、陶冶情操统一起来，并帮助有能力的同学实现创业梦想。二是帮扶留守儿童，从身、心两个方面给予全方位的关怀。

因此，"劲跑基金"的奖励主要用于两个方面，一部分作为奖金，用来奖励获奖跑团、激发跑团活力及感染力、参与爱心跑活动的同学，每积累到一定里程，相当于以自己的名义为留守儿童做了相应的爱心捐赠。另一部分用于帮扶留守儿童，提供物质支持和心理疏导支持。

据悉，"劲跑基金"为开放性基金，接受其他校友或社会捐赠。主要用于组织大学生开展"爱心健康跑"活动，鼓励大家通过积极参与跑步健身运动，成就自己，奉献爱心，帮扶留守儿童。

中南财经政法大学表示，学校对于尤庆南同学的慈善公益行为表示欢迎，也深感欣慰。学校作为育人机构，一直努力营造培养具有创新意识、勇担社会责任的有用青年的氛围，尤庆南同学发起设立的公益跑基金，一定程度上彰显了学校的育人成果。

尤庆南满怀信心："'少年强则国强'，新一代的大学生们身心健康、成长成材，有责任、有担当，爱心就会像星星之火，可以燎原。"（原载荆楚网，有删改）

大学生将会是未来最有消费能力的群体，这个特征决定了大学生就是现实和未来的市场。抓住这个市场，利用这个市场提升创业的质量和成功率，并且使这个市场持续地成为创业的基础，为创业注入活力，就是授人以"海"。真正让我有成就感的，不仅在于我这10几年培训了数以万计的优秀创业者，而且在于我发现并有意识地引导甚至可以说开始建立一个创业者互助互益的市场。在我看来，这是无与伦比的公益。一个人的力量太微弱，我希望有更多的人参与其中。

我的公益——授人以"海"

说是"我的公益"，并不是我个人的公益，而是我倡导的公益。志愿者是由一个社会当中众多具有奉献情怀的人组成的群体，授人以"渔"是社会有责任感、有未来有使命感的精英追求的情怀，而我把授人以"海"当作自己——一个普通人的情怀和信仰。一个普通人要授人以"海"，说起来有些不自量力，这当然不是我一个人能做到的。我更像是用一枝画笔，把一个本来就已经存在的大海描绘出来而已。

任何一个市场都包括了三个部分：生产、消费、政策。我就从这三个部分来描绘它。

首先是生产。大学生是新知识、新技术的载体，他们的创业行为伴随着激情和梦想，也伴随着无限的创造力。这些造物主青睐的精灵，他们头脑中激荡着风暴。其物化的成果，就是各种各样的新产品，承载这些产品的新项目，运营这些项目的新模式、新思路、新方法。就像我们看到的那样，比尔·盖茨、史蒂夫·乔布斯、马云、马化腾、李彦宏……这些创业精英们曾经书写了历史的传奇篇章。新的创业者未必能复制他们的成功，却有着更好的全民创业的机遇。如果说这些传奇人物只是顺应了潮流，那么我们当前的创业者就同时在创造着新的历史。他们需要的，只是时间的证明。

从生产（包括产品和服务）角度看，当前市场处于剧烈变革的前夜。在大的方向上，人工智能、量子科技、能源革命正处于科技攻坚阶段，它们将以难以预期的方式影响未来的生活；在生活领域，以移动互联、O2O、微商等为代表的深度融合正在进行，不仅会影响生产的方式，还会影响到产品和服务本身。变革就是机遇，机遇就是市场。有多大的变革，就将带来多大的市场。从这个意义上说，我们未来的"海"，一定会bigger and bigger！

其次是消费。消费代表了市场需求端的能力和愿望，它是市场最根本的驱动力量。前面我讲过，近10几年来，累计超过1亿的大学生进入劳动力市场。随着他们在经济体中地位的不断提升，他们将成为消费的主力。而我们要做的，就是在促进大学生创业的同时，把创业和消费结成互助、互益的联盟，成为互相成就的协作共同体。这些已经或即将毕业的大学生，他们是真正的"海"。我们要利用好这个"海"，为他们寻求互助、互益、合作的方式，使之成为未来经济发展的基础。在这里我就想问大家一句：还有比这更大的公益吗？

消费观念是存在代际差异的。我们回想一下自己的父亲母亲，以及更年长的亲属，不难发现他们在消费观念上存在非常大的差别。究其原因，主要是经济内容的差异和知识结构的不同。在互联网时代成长起来的80后、90后，以及即将进入大学的00后，他们也存在知识结构和经济内容的差异。但是，互联网的快速发展，使知识得到了更加快速和有效的传播，经济内容也被知识化、信息化，成为传播内容的一部分，使消费观念的代际差异变得非常微小。这对于我们把公益模式的创业—消费联盟扩展到社会更广泛的人群相当有利。

案例：做最懂校园需求的创业者

当前，"互联网+校园"已经成为创业的热点之一。80后周坤鹏便是这样一个创业者，他创办的59store，历经两年多发展，已成为深受我国大学生欢迎的校园生活服务类O2O平台，业务范围覆盖全国200多个城市、2500多所高校。

还在郑州大学读本科时，周坤鹏就通过奖学金和打工实现了经济独立，也由此萌生了创业的念头。初始创业，周坤鹏就遇到了保送读研究生还是创业的抉择。最终，他选择到上海交通大学读研。研究生期间，他边完成学业，边着手创业。他和伙伴们总结了高校学生日常的消费习惯，罗列各个消费途径的优缺点，进而发现了基于校园学生生活需求的"网络超市"这一业务模式。于是，周坤鹏创办了"欢校网"，为学生提供快消品2小时内送达服务。在积累了一年多运营经验的基础上，他又创办了59分钟零食网"59food"，为学生提供休闲零食59分钟内送达服务。很快，升级版的"59store"在2014年5月正式上线，并拿到了融资。

59store的最初形态是销售日用品的便利超市，采取全天经营的方式并辅以特色的"夜猫店"服务。经营一段时间后，周坤鹏发现平台上的订单有60%—70%为夜间消费，因为晚上学校附近的便利店关门，学生们也懒于出门购买。由此，周坤鹏果断砍掉日用品类目，专注做零食业务，并强化了"夜猫店"的品牌。

发现了这一需求"痛点"之后，周坤鹏继续探索。2015年8月，他宣布59store完成2亿元的Pre-B轮融资，并发布了新产品"零食盒子"。他说，"夜猫店"已经是创新，可以解决校园需求的"最后100米"问题，但还有提升空间。他介绍说，"零食盒子"预先放在寝室，学生想吃的时候自己下单。零食盒子可以授信使用，解决了最后1米的问题，解决了集中人群特定的痛点需求。

在解决了"吃"的问题之后，周坤鹏他们发现校园学生经常需要打印论文，但是校园打印店并不多，因此如果能够让学生随时随地打印，也可以解决校园需求的一个痛点。因此，周坤鹏在今年3月推出了"59云印店"，要打造"开在寝室里的打印店"，用户只需通过59官网或59store的app上传文档，便可通过云端分配给本楼的店主进行打印，店主可送货到寝室，用户也可到店主寝室自提。目前，"59云印店"已实现"黑白打印、单双面打印、彩色打印、照片胶印和扫描"等一体化功能。此外，校园学生还需要各类饮品、需要贷点零花钱买东西等，于是，"59饮品店""59花不完"等生活、金融类新产品逐步推出……周坤鹏认为，只要深入了解校园生活需求，新产品就会不断出现。

　　无论是"夜猫店""打印店"，还是"饮品店"，59store的店长都由在校学生担任。周坤鹏说，59store按校园里的宿舍楼或楼层划分，在每个区域选择一个在校学生作为店长，为同楼或同层的同学提供送零食到床的服务。他说，公司对申请成为店长的学生会进行多方面的审核，并对审核通过的学生店长进行培训，保证他们的服务质量。

　　以"夜猫店"为例，周坤鹏说，在货品的供应方面，59store平台只选择了二三十种学生需求频率最高的零食品类，包括方便面、火腿肠、肉松饼、小面包等让店长销售。平台不允许店长在平台售卖自己的货品，因为这些学生还没有保障供应链的能力。统一供货也可以帮助店长调整库存，避免积压。而对于平台自身的供应链，59store已经和京东、一号店等达成了合作，并在上海、杭州等地拥有自己的大型仓库。周坤鹏说，59store会把平台上多数利润分给学生店长，依靠在59store的小店，店长们的月收入多数在800元到1200元之间，最高可以达到六七千元。周坤鹏说，之所以将大部分利润让出，是因为平台的最根本目的不是通过电商盈利，而是从实践中选择具有创业能力的人才。

　　对于59store自身的发展，周坤鹏表示，今后将继续扩大用户规模，通过小额贷款、假期旅游等更丰富的服务形式，在高校学生中树立品牌的影响力。

最后是政策。政策是政府对于市场的激励，市场的主体会对激励作出反应，这是经济学的基本原理。当前经济的主题是创业，那么政策的重点，就会是对创业的鼓励和支持。众多的创业者在自己关注的领域可能很熟悉，对政策往往缺乏深入的了解。尤其是大学生创业者，他们对于社会还缺乏真正的观察和思考，对于社会各种信息的掌握还不全面，体现在创业上就是很难主动去了解相关的扶持和优惠政策。因此，如何获得政策的支持，如何利用好政策，也是我们促进创业、开展创业教育培训的重要内容。

不仅是直接作用于创业的政策，即使是那些看上去与创业无关的政策，对于我们的"海"来说也非常重要。回顾近30年的历史，我们不难发现，政策实际上贯穿了"海"的形成过程，是它背后最大的推手。我仅举一个例子大家就会明白：80后、90后的消费习惯与上一代有着显著的区别，为什么？因为他们是独生子女。国家的计划生育政策使得他们成为家庭中唯一的孩子，得到了家庭最优质、最集中的资源，也使得他们的消费习惯发生了很大的变化。计划生育政策与他们消费习惯相关性的研究我并没有做过，但是我相信每个人都能感受到它们的相关性。再比如，90年代末以来大学的扩招，使得大学生群体的结构也发生了显著变化。这些变化最终都会集中到这个"海"里面，对它产生各种各样的影响。我们不仅要及时掌握、有效解读那些与当前创业有关的政策，还要深入研究既往政策与当前、未来经济发展的关联，最大限度地利用好这些政策，为我们的创业公益助推。

　　说到这里，我相信大家已经很清楚，公益的"益"究竟体现在何处了。它包括了授人以"鱼"的慈善、授人以"渔"的促进，更包括了我们现在授人以"海"的创业—公益共同体。有了创业—公益这个共同体，我们才能更好地促进就业，才能实现更广泛的慈善。这是我们的使命，也是我们的情怀。

在商言商

首先，我需要强调一点：我不是写创业学教材，而是把创业过程中的经验和感受，以在商言商的态度谈一谈。

创业最直观的形式是创办一个企业。企业最为根本的目标就是盈利，也就是我们经常说的：在商言商。一个企业不能实现盈利，就失去了在市场上存活的价值和可能性，这样的企业既是企业主的也是市场的负担。创业者不仅要实现盈利，还要尽快实现盈利，这是关乎创业成败的头等大事。

从大学生到创业者的转变

从一个大学生到一个创业者的转变是颠覆性的。我们怀着青春的梦想走进大学，期待着美好的人生自此开端。此时，关于创业，具体地说关于赚钱的概念，在我们的头脑中是模糊的，甚至认为是等而下之的，到了不好意思提及的程度。在刚刚开始创业时，我也有过这样的心理。

那时我是一名刚刚走上工作岗位的大学老师。实际上我并没有充分意识到身份的转变，只不过是从台下走到台上，人和心都仍然在教室里。我带着同学们去做销售，最初也是为了锻炼他们、让他们参与活动。时至今日，这个目标依然在我心中，只是它已经成长起来，变成了带领同学们创业。在和同学们共同经历了这些之后，我终于意识到了在商言商的重要性：要赚钱。同学们通过赚钱获得了成就感，获得了参与这些活动的意义，明确了未来的选择。他们可以把赚到的钱都投入到自己喜欢的领域，比如公益，比如阅读、旅行，比如实现一个愿望，哪怕是领着几个伙伴痛痛快快地吃一顿。他们在意的是赚钱这个过程，也正是这个过程使他们实现了从大学生到创业者的转变。

中国人的传统是把义和利对立起来，有情怀的场所就不能有利益。忘记了哪位佛教大德曾经说过：出家为僧是个人自主、自觉的选择，而不是我们僧人去强行劝说；不然，如果大家都出家为僧了，又会由谁来供养僧人呢？大德就是大德，他所说的首先是一句实话，再把道理蕴含在事实当中。同样，都来谈情怀，没有钱怎么实现你的情怀呢？比尔·盖茨能够创办公益基金会，帮助那么多的人，没有首富的资金支持他办得到吗？想明白了这一点，我在任何场合都不再羞于谈钱，谈利润，不仅如此，我还要强调利润，在商必须言商。不然的话，你不可能成为一个好的创业者，更不可能成为一个优秀的公益家。

在商言商，意味着大学生向创业者身份的转变，意味着我们在经济社会中角色身份的成熟。实现这个转变和成熟之后，我们再回过头来审视创业、公益，就会有不同的视角，也会有不同的感受和收获。在商言商，就是要把创业切实地当作创业来做。创办一个企业，需要选择一个优质的项目，需要有合适的产品和服务，需要有可行的商业模式，需要利用各方面的资源来实现创业的成功。做好这些事，把目标集中到实现项目的存活、进而实现利润，这才是一个创业者应该做、必须做的事。在做这些事的过程当中，我们不仅心中、眼中有公益，还要把创业项目和公益融合起来；我们不忘自己的情怀，不忘自己的初心，也不忘自己的身份和目标，它们从来就不冲突。

从项目选择开始

创业从选择项目开始，经历选项、产品和服务定型、商业模式确立等几个过程。在这些过程中，都有深刻的市场因素和商业特征。对于我们公益创业来说，每一个过程又都要考虑到它在政策、市场等方面的可行性。

首先是项目选择。项目选择是创业的开端，它既是前创业时期创业者各方面条件的直接成果，也直接决定着创业项目以后的走向。我们以萨尔曼（Sahlman W.A.）在1999年提出的创业模型为例，如图1-1所示，谈谈项目选择。

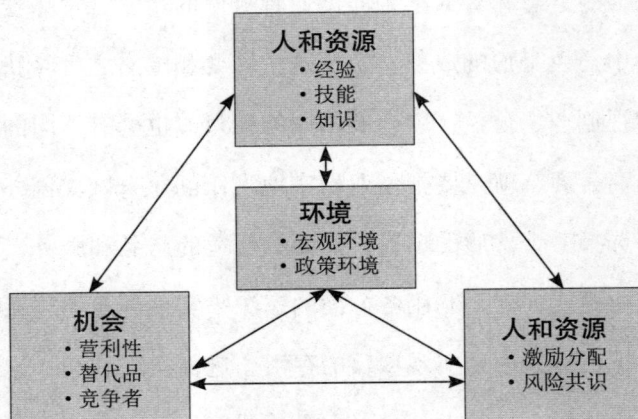

图1-1 萨尔曼创业模型

这个模型的核心是项目选择中的要素支撑。从人和资源方面看，选择项目其实就是选择自己的优势。关于经验、技能、知识等方面的因素，我想每个人都会深有体会。我们自己的创业教材《创业原理与案例解析》也重点强调了，创业者要在各方面不断提升，具备一个创业者的基本素质。资源因素则为我们提供了一个新的思路。公益创业者的资源不在于社会上的人脉，这恰恰是公益创业者的弱项。公益创业者的资源在于，他始终能够接触并利用到大学生这个群体，并以这个特定群体为依托来选择创业项目。同样，在机会、交易行为方面，我们也要有这样的意识。如何有效地实现项目的内部、外部激励，尤其是在创业团队内部达成风险上的共识；如何把项目的优势转化成为营利性，以大学生群体为核心实现有效的营销和盈利；如何规避同样的创业竞争者，尽可能占有更大的市场……这些都可以作为项目选择方面的考虑因素。

案例：勇于尝试自己最想做的事

"我不是'富二代''官二代'，也没有经历过特别重大的人生挫折，就是一个成绩中等偏上的学生，因为有一些想法就去尝试，一点一点发展到今天的。"6月2日，在"2016年KAB大学生微创业大讲堂"中南财经政法大学站活动现场，武汉市追忆哪年网络科技有限公司CEO黄衍博分享了自己的创业感悟——普通大学生提前进行人生规划，并持之以恒，创业梦也能实现。

这位1995年出生的大三男生，在大一时也曾迷茫，总猫在寝室里看剧。一次偶然的机会，他看到俞敏洪在北京大学的演讲视频，那种创业的激情启发了他，他决定改变，拉了同宿舍的3个小伙伴一起创业，他们做的第一款产品是一个商圈活动信息的服务平台。此后，他带领团队于2014年获得"创青春"全国创业大赛决赛金奖，公司成立之初便获得百万元天使融资，后来得到硅谷投资人的青睐，上个月拿到数百万元Pre-A轮融资。

"在准备创业的时候，可以多去尝试几个项目。在创业之初，一定要先去搭建一个靠谱的团队，当团队完善之后，再去想一个事、一个产品或者一个服务，真正可以解决用户什么需求，带来什么价值，然后把所有的精力投入到这个事上，慢慢地越做越大。"黄衍博说。

"恋爱记"创始人付小龙在刚进入大学时就有了明确的规划：大一可以随随便便玩，各种各样的事情都去体验；大二一定要找到一个方向；大三一定要找到一件比较具体的事来做；大四要把这件事情做成一家公司。

1992年出生的他在大二时想和室友一起做一个校园网站。他从零开始学，花了两个月时间做了出来，当时在华中科技大学有上万人用那个网站，他觉得非常有成就感。于是，他在大二就把自己的方向锁定为互联网。此后一年他做了好几款校园类的产品，"其实不是以创业为目的，也不是以商业为目的，更多是锻炼自己的技能和项目经验"。大三时，付小龙决定休学创业，带领团队开发暖心的情侣软件，参加了一个全国大学生应用开发大赛并获得第一名，先后拿到360周鸿祎百万元天使投资、世纪佳缘千万元α轮融资。目前，公司主线产品"恋爱记"已有500万用户并实现盈利。

"很多人在大学里迷茫到底该做什么，其实很简单——发现社会上有什么问题，就去想办法解决。"内蒙古华蒙农牧业开发有限公司董事长、2015大学生创业英雄年度十强张振华坦言，只要勇敢地去做，并且解决了问题，"说实话钱是根本不用愁的"。这位1995年出生在内蒙古农村的大学生，正在用自己掌握的技术再造家乡。上高中时他得知，为了提高产奶量，内蒙古的牧场每年从美国进口紫花苜蓿数量达上百万吨，一吨价格约3300元。他不服气，"为什么要进口美国的草，我们能不能自己种？"

2014年，他带领团队试种1000亩紫花苜蓿，纯利润达150万元。他看重的不仅是经济价值，"紫花苜蓿的根特别长，有很好的防风固沙和固氮作用，如果大面积推广对生态改良很有利"。在考入华中农业大学植物科学与技术学院"张之洞班"后，他师从牧草专家赵剑教授，继续开展科研和创业。2015年，他们种植的紫花苜蓿纯利润达到450万元。"一定要找到自己最想做的一件事，从某一个细节入手不断去努力。在高校里，有各个专业都很强的老师和专家，可以咨询他们的意见，最后达到我们所想要的成果。"张振华说。

这些要素，不管是个体身上的，还是机会、交易行为方面的，它们都与外周环境有着相互的作用和影响。在某种程度上，这些要素就构成了项目的宏观环境。比社会创业者更具优势的是，公益创业者还拥有着得天独厚的政策环境。这些政策包括国家的、省市的，还包括部门的、机构的，以及大专院校内部的，都形成了对公益创业者有效的支持。公益创业者要做的，是善用这些政策方面的支持，并根据它们对创业项目进行修正。我们要有这样的意识：与社会创业者相比，公益创业最大的不同是，它可以根据政策环境和各方面条件来设计创业项目。这就给了我们更为充分的自由。

产品和服务

然后是产品和服务的定型。公益创业者在选择创业项目的时候，已经对产品和服务进行了初步的筛选。项目所依托的产品和服务定型的过程，也就是它们与公益市场如何对接的思考与实践。例如，我们的项目要实现农产品O2O销售，在普通创业的思路下，相关的服务包含产地、网络订货、目的地物流等三个关键因素。创业者在服务的设计过程中就要围绕这些关键因素展开，并以是否满足了关键需求作为评价和定型的标准。而在公益创业的思路下，相关的服务就有了不同的侧重。例如产地如何体现对农户的让利，以及在科技元素方面考虑如何对他们更加方便；在网络订货上，就要考虑到农户的使用习惯，关键是如何把订单信息准确、及时地通知到农户；在目的地物流方面，就要考虑到公益消费市场的集中性等特点，从而想办法去降低成本。我们在设计、定型产品和服务时，要始终考虑到公益的因素，使产品和服务能够体现公益创业的鲜明特征。这样，不仅能够更加有效地弘扬公益精神，而且能够切实地提高创业的成功率。

案例：一枚土鸡蛋的电商路

两年前，90后创业者曹席斌站在创业门外时，他对互联网充满了美好想象。当他和团队踏上创业之路时，经过两次失败，第三次找到了土鸡蛋接地气的电商之路，终于成功挣钱了。

"要把电商做活，最重要的就是物流、资金链和信息流。"曹席斌说，首先要解决的就是如何取得农场主们的信任。

农场主杨洪彬表示，当时几乎没人相信曹席斌的话，几十个鸡蛋怎么可能在几天内，从重庆区县完好地送到北京、上海、广州等市场？曹席斌用自己方式证明了它的可行性。团队设计出独特的包装，用谷糠保护鸡蛋，装在特别设计的箱子里，然后和物流公司谈好运输合作协议，把物流成本压缩在最小成本范围内。

"1个鸡蛋成本控制在2元内。我们40个鸡蛋起送，3元一个，注重质量，走电商路，靠口碑营销。"曹席斌拿出营业记录，6月卖出1万枚，7月卖出4万枚，增加很多。要延展信息流，除了客户间的口口相传，更重要的是以互联网为依托搞营销。

"我们现在app的资源是利用前两次创业积累剩下来的，涉及了运动、休闲、教育等功能的，共有7款，虽然每款人数不多，但加在一起就有500万下载量。"曹席斌称，比如这款别忘运动app，研发有一段时间了，下载人数也超过百万，团队先借助这些app推送信息。

"线下选择做活动，做活动就会有成交，有成交自然成交率就很高，这是电商的黄金定律。"曹席斌分析，互联网上的营销渠道不外乎三种：社交软件、大的网站平台和自己的平台。为了提高知名度，我们在线上线下都做活动，做过活鸡快递的话题并以此收集用户体验。

"这个月估计能赚个三四万元吧。"曹席斌笑笑道，"下一步就要选择公司的定位了，是发展成农产品平台公司，还是土鸡蛋农产品专业公司，这次要按流程踏踏实实走。"

现代网络技术对市场最大的冲击，就是产品和服务本身变得模糊了，也变得广阔了。公益创业的大平台、大市场思维，更应该充分利用好现代网络技术，改造我们的产品和服务，使它更加适应时代的发展。在这几年中，我感受最大的就是网络对我们生活的全面渗透和影响。它不仅深度改变了我们的生活，也为创业者提供了更多、更好的产品和服务设计思路。我们要把握住时代的脉搏，不是被动地去适应它，而是成为它的一部分。

商业模式的重要性

接下来是商业模式的确立。现代管理学之父彼得·德鲁克说过："当今企业之间的竞争，不是产品之间的竞争，而是商业模式之间的竞争。"从很多创业者的成功经验和失败教训看，商业模式确实起到了重要的作用，有时候甚至决定了成败。公益创业的商业模式，我在后面还会具体地讲，在这里我先简单谈一些原则性的内容。

相对哈佛商学院克利斯坦森教授把商业模式划分为用户价值定义、利润公式、产业定位、核心资源和流程四部分的方法，公益创业在其中要加入一个新的部分：公益市场因素。公益市场因素看上去是一个很模糊也很宽泛的说法，实际上我们可以把它逐步地细化到各个方面。在用户价值方面，我们强调公益市场的互助性和互动性。用户不仅能够获得产品和服务的价值，还能获得公益参与的精神愉悦和物质收获，以及未来可能参与创业的机会网络。在利润公式方面，我们强调公益市场的成长性和无限性。创业者能够通过公益市场的互动、互助，实现市场内部各类资源的循环流动，从而实现市场的自我成长和无限扩展。在产业定位方面，我们强调公益市场的包容性和统一性。公益市场并不是简单的捐献和施予，而是包含了各类市场的大平台，又在整体的目标、模式上有一致的价值追求。在核心资源和流程方面，我们强调公益市场的资源共享性和协作性。市场的核心资源是消费，公益市场的创业者又互为消费者，通过创业—消费之间的无限互动实现资源共享。同时，在市场各流程环节，公益创业能够实现很好的协作，使人才、产品、资本、现金等要素能够更好地流通。

案例：月嫂大总管，普及新理念

25岁的未婚姑娘蔡安妮，已经是浙江省台州市椒江一家专业月子会所的母婴护理部主管助理，协助管理着手下30多位月嫂。在月嫂行业里，大学毕业的蔡安妮显得格外扎眼。三年前，蔡安妮和母亲一起，看准了月嫂行业的前景，开始了自己的大学生创业路。

"我有两台韩国带回来的机器，用于月子会所里产妇们的产后修复。"蔡安妮说，这两台机器是她在2013年带回国的，那时全国仅有四台，台州绝无仅有。在这家位于椒江区的高端月子会所里，蔡安妮负责月嫂理论培训，以及产妇产后保健、产后修复、客户接待工作。产后保健和产后修复的很多操作，都由她亲自完成。

　　蔡安妮的母亲童美琴，正是该月子会所的负责人。2012年，下岗在家的童美琴被月嫂的高薪所吸引，深入了解后，发现这个行业市场庞大，却相当不规范。"能不能办一家规范的、科学的月子中心，让产妇们享受到专业规范的服务呢？"童美琴决心做点什么。2012年下半年开始，童美琴离开老家温岭，在上海开始了育婴师、母婴护理师的各种专业学习。花费了半年时间，考取了相关的专业资格证书以后，童美琴回到温岭。在众多没有经过专业训练的月嫂中，童美琴脱颖而出，成为温岭母婴护理行业颇有名气的专业人士，并受聘为温岭市社区学院的老师，做月嫂专业知识培训。

　　2013年，大学服装设计专业毕业的蔡安妮辞去原有的服装面料管理工作，赴韩国学习医学美容。在学习医美的过程中，蔡安妮无意中接触到了产后修复的内容。"教学的老师提到，有两台机器，除了可用于常规美容，对产妇的皮肤修复、身材修复更有效果。"韩国的老师告诉蔡安妮，在韩国和日本，坐月子的理念已经很不同，在注重产妇和宝宝身体健康的同时，帮助产妇重拾美丽的产后修复也相当普及。

　　"原来坐月子也可以坐得这么美好。"蔡安妮第一次对"月嫂"工作有了不同的认识，"国内对月嫂工作的认识还很狭隘，月嫂并不是随便抱抱孩子伺候伺候产妇就好，孩子和产妇的身心健康，都是月嫂要护理的内容。月嫂是可以切实为女人带来幸福感的工作。"从韩国回来后，蔡安妮并没有遵循原计划开展医学美容业，而是奔赴杭州，考取了育婴师四级资格证，并和母亲一起注册了公司，立志从事母婴护理行业。

　　2015年，蔡安妮和母亲来到椒江，埋头打造月子会所。"如果服务跟市场上的零星月嫂一样，我们就没有必要开这家会所了。"蔡安妮对聘用的全部月嫂重新进行了系统的理论与实践培训，并将最难衡量的月嫂服务质量做了量化考核处理，制成一本月嫂服务手册。宝宝黄疸测试、脐带护理、体温测量、食量记录等等，产妇开奶情况、饮食情况、情绪心理状况、产后腹带绑定情况……几十条服务内容以表格式呈现，雇主可以在手册里看到全部服务内容，月嫂要对每日的服务做记录，做完一项打一个钩。

　　凭借规范化管理和专业化服务，蔡安妮服务的月子会所稳步发展，2015年全年共接待客户70余人，并赢得了极好的口碑。越来越多的产妇从好奇观望，到慕名而来。每日忙碌的蔡安妮欢乐地当着月嫂们的大总管，"我想把坐月子的新理念普及开来，让更多女性受益。"

因此，公益创业在设计并确立商业模式的时候，要把公益市场因素放在一个重要的、渗透到整个市场的位置，以它提纲挈领。这样，才能使公益创业项目与公益市场实现很好的对接，体现出公益创业的特色和优势。

创业团队

最后，我想谈一谈团队。创投业界有一句话：投资就是投团队。对这个说法，我持保留意见。为什么呢？如果说团队，尤其是创业团队核心人物的特征是决定创业成败的关键，那么我们实际上又走回了创业无规律、全凭个人机遇和能力的老路上。团队当然是重要的，但是我认为它并不是决定性的。

Apple观点：什么是人才

这里我还想说几句题外话。我们一直把人才当作社会的、组织的关键要素，而人才的含义，更多地被理解为个体差异、个体特征。这就产生了一种错误的认知：某些事，就应该某种人来做才行，其他人做就会失败。为了保证某些事的成功，社会就拼命提升人才的门槛，最终出现一个怪现象：扫地都需要本科学历。这显然是非常荒谬的。它把一个社会人与人之间的竞争，导向了个体差异的竞争，迫使每一个个体只能努力获取竞争中最有利的某项差异。社会因而变得缺乏差异，也就缺乏创造力。一个缺乏创造力的社会是没有前途的。同时，人们都集中在某一项差异上展开竞争，也是极大的浪费。

公益创业就试图解决这个问题。我们不强调个体差异与创业成功之间的关系，而是认为每一个创业者都有相当大的机会获得创业的成功。公益市场的互助性实际上也是一种去中心化的尝试，它使每一个创业者在公益市场中处在同等的地位。只要创业项目能够充分体现公益精神，能够利用好公益资源并为他人提供相应的公益资源，它就能够在公益市场上取得创业的成功。

不强调个体差异，不等于不承认、不尊重个体差异。事实上，在公益市场中选择不同项目的创业者，所体现的本身就是个体差异。不同的是，我认为每一种个体差异，都有可能在公益市场上转化成为创业上的优势，并因此获得更大的成功。

团队也是如此。我希望创投机构在我们公益创业的平台上选择投资对象的时候，把更多的关注放在项目的内核方面。因为我们每一个公益创业团队都是优秀的——选择了公益创业，就是选择了卓越！

仅有热情是不够的

　　"公益创业"是由两个词语组成的，首先是"公益"，就是公共利益，具体指不特定的领域、群体中大多数人或者关乎全体人的利益。"创业"一词代表的是创新，是创造，是为了产生财富。创业是创业者对自己拥有的资源或通过努力能够拥有的资源进行优化整合，从而创造出更大经济或社会价值的过程。创业是一种劳动方式，是一种需要创业者运营、组织、运用服务、技术、器物做思考、推理和判断的行为。公益创业就是以公益的理念，通过公益的市场方法，实现公益的目标和创业的成功。

　　公益是每个人都能做的事情，帮助他人，捐献爱心，这都是公益。参加公益活动，我们凭借着爱心和热情，这是我们以自己的行动去帮助他人。其实这更像是志愿者，志愿者通过服务社区、帮助社区等活动，看望老人，致力于服务大众。但是一个人的力量是有限的，而且参加的活动是与他人一起进行重复性的工作，因此不是公益创业，只是公益事业。我们首先需要分清这两个概念，公益事业是指在公共事业范畴下直接或间接为经济活动、社会活动和居民生活提供支持、援助、服务的社会性活动。最根本的区别在于，公益事业是非营利型的，而公益创业的目的是在帮助他人的同时能够营利创造财富，是一种用商业方法解决社会问题的创新创业过程。公益和创业结合到一起，需要的是创新的模式和方法，需要的是创业者投身公益的热情。

热情又是什么？热情是人主观的表现，更多的是感性的表现，是公益者的爱心，这就需要我们调动起企业家们的社会责任感，让他们承担社会责任，自愿去帮助需要帮助的弱势群体。《中国经济时报》把社会责任比喻成全球企业的"门票"，非常形象。有社会责任感的企业才能够在市场中生存，而那些只追求经济利益的企业必将受到市场唾弃。企业承担社会责任，已经成为一个国际化竞争的潮流产物，如果中国企业不能跟上潮流，在国际贸易的合作中就会受到质疑，甚至遭到排斥。慈善是情怀，公益是系统，通过慈善情怀的发心，用公益模式的系统践行企业家的社会责任。企业家做慈善的方式非常简单，通过捐款、募捐就可以帮助到他人，但是公益创业不一样，公益创业在帮助他人的同时能产生经济效益，它为需要帮助的人带去更多的是生存的方式和有尊严地接受社会的帮助。

公益创业仅需要热情是不够的，万事开头难，没有一件事是容易的，背靠大公司也不能坐享其成，也未必就能好乘凉了，没有自己的努力劳动，一切依旧是空谈。盲目的热情是最可怕的，我们总是讲"剃头挑子一头热"，虽然现在形成了创业的热潮，但是我们不能忽视这个现象的背后，那么多昙花一现的企业，有多少是因为一时心血来潮拍拍脑袋便决定跟随创业潮流的。公益创业一定要讲方法，要用正确的方式创业。创业是一个载体，将公益事业发扬光大；公益是一种模式，促使创业走向成功。

企业的发展永远都离不开社会，它们是鱼与水的关系，公益活动关系着国计民生，因此越来越受到人们的关注。企业家们追求利益最大化，认为公益活动不能带来利益，通常希望公益活动与企业经营分开。但是，公益活动和企业是相辅相成的，利益越高的企业有着越强大的竞争力，公益活动可以帮助企业提升企业在社会大众心目中的形象，提高企业的品牌价值，能为企业的将来创造更多的财富。没有企业利益就没有社会公益，企业在追逐自己利益的时候还能给社会带来利益，这相比只单纯地完成公益而受到的效果要好得多。

可口可乐公司是一家全球领先的企业，也是做公益活动的典范。可是公益是要花钱和付出的，为什么它愿意做，而且一做就是那么多年？其实这和他们的核心价值观分不开：让每个可口可乐的业务单位都成为当地的模范企业公民，让可口可乐业务所及之处的每一人都能受益。就是这个承诺，让可口可乐成为世界品牌。为了塑造"企业公民"的形象，可口可乐公司对公益活动的投入可谓是全身心的，它将公益事业作为企业整体战略的一部分，形成了完善的公益事业体系。在不断地对外宣传的同时，它在公司内部也进一步巩固和发展了自己的企业文化。1994年，可口可乐刚刚进入中国就开始赞助中国最大的公益活动，捐建希望小学，直到现在已经超过一百所。没有回报的公益事业是做不长久的，能够为企业带来长久利益的公益活动才能够生生不息。可见拥有社会责任无论对企业家还是企业来说都是多么重要。

现在可口可乐的产品受到全世界的欢迎，可口可乐公司在全球500强企业中也是名列前茅。因为公益活动的影响，可口可乐公司得到了社会的广泛支持和认可。

企业家从事公益创业是正确的选择，但有些时候企业家无法腾出人手关注公益创业，在此我想为大家推荐大学生。大学生创业是国家鼓励和支持的，有着优越的条件和政策的支持，企业家联合大学生创业，可以一起享受到这些政策，同时大学生是新一代潜在的创业群体，企业家们应该抓住机会。对于大学生来说，参与公益创业可以实现自己的人生价值和增长社会经验。大学生和企业家的联合还有一个优势，企业家们熟悉创业的过程，又有创业经验，并且能够提供资金，提供项目，提供帮助，对大学生来说，这是可遇不可求的机会。大学生在创业的时候往往很迷茫，不知道自己该选择怎样的项目，不知道自己该如何去开始自己的项目，这时候有企业家的帮助对于青年创业者来说正是一个好机会。公益创业不单单能在金钱上得到收获，同时能创造利益以更好地帮助中国的自有品牌，并帮助没有适销对路的产品打开市场。大学生创业既能够成就自我，又能通过公益创业成就他人，何乐而不为呢？

创业仅需要热情是远远不够的，创业不仅需要感性，更需要理性，理性思维能够帮助创业者在竞争激烈的市场中找到属于自己的道路。仅凭自己的热情蛮干的叫莽夫，会运用自己的智慧和能力的才是聪明的人。李开复先生曾经说过："中国人对成功的渴望比西方人更强烈，这就导致他们更努力工作，和团队一起拼命。我们与那么多创业者接触后感觉到：经验真的很重要。"各大专院校也经常会请一些企业家到学校里开讲座，为大学生讲述自己的创业过程和经验。但是如果只听不做，企业家们的宝贵经验其实并不能被大学生们学习并接受。作为老师，我总是希望学生能够从我们身上、从他人身上不断地学到知识，将我们传授的东西接受得再多一点，但是学生没有实践，老师讲的东西从进入他们的大脑到离开大脑不会超过一星期，一星期之后就再不会记得老师与他们分享的内容。认真一点的学生会留有一个印象，这老师讲过什么内容，但是让他们讲出点什么来，其实已经没有实质性内容留下来了。想要真正学习到经验，做好的方式就是实践，在实践中能够以最快的速度掌握老师们想传授的经验。实践出真知，大学生与企业家结合，在公益创业中碰撞出新的火花，在锻炼大学生的同时，也能够为企业家带来新的思维，这是双赢的局面啊。

这让我想到我之前做过的一件事情，虽然是一件小事，但是我觉得可以表达我想说的这个观点。

2003年的时候我还是在高校做老师。我那时候接触了很多NGO（非政府组织），并且组织了"为藏区筹建希望小学"的公益活动。我与这些NGO一起募集了40多万元，西藏地区政府又支持了8万元，项目资金总额超过50万元，顺利地启动了希望小学的项目。但是，新的问题又出现了，在启动过程中我们发现，我们没有老师，因为藏区教书工资太低了，一个月才几百块钱，没有人愿意干。

我与另一位叫程诚的老师商量以后，设计了一个希望小学建设的创新型方案，用公益模式为藏区希望小学的教师补贴设计了两个"功能"。首先，用30多万元修建希望小学的校舍，然后，用剩下的20多万元中的一部分钱，购买了一些羊羔、牛犊，养在希望小学里，作为希望小学的财产，让教师兼任牧场主。牛羊长大后可以挤奶，可以屠宰，为教师们提供了一部分收入来源，而且还可以配种生仔，生下来的小幼仔可以继续养。这是一个"造血功能"。另外，由于藏区偏僻，医疗条件不好，藏民生病很难及时获得救治，于是我提出来把藏区希望小学的老师培训成"赤脚医生"，既可以使藏区百姓受惠，又为这些老师创造了另一个收入来源。

内地的三甲医院每年都有援藏活动，我通过与上海人民医院洽谈合作，每年让藏区希望小学的教师来上海人民医院学习三个月，让他们掌握基础医疗知识，会会诊，会打针，会抓药。连续学习三年，教师的吃、穿、住都由医院提供，算作医院的援藏成果。我用剩下来的资金，为藏区教师们购买了一批药品和医疗器具，支持教师们用以诊疗。这样一来，教师既是牧场主，也是"赤脚医生"，平均每个月的收入可达1800多元。

经验是从哪里来的呢？是从我前面提到的企业家那里来的。我想，年轻人投身公益创业的时候，需要思考，需要热情，需要在实践中慢慢磨炼自己。不论是这个项目还是其他项目，我们都能发现需求。藏区的孩子需要学习，教师也有自身的需求，两个需求关系密切，解决不好其中任何一环，就无法完成整个项目。企业家们在社会中摸爬滚打练就了敏锐的嗅觉，能在平凡中发现无限商机，青年创业者们在创业过程中必须依靠我们的企业家们，不断从他们身上吸取经验，与他们一起完成公益创业。这也能为大学生们的二次创业打下坚实的基础。

就我自己而言，如果我没有当老师而是创业，这些年积累下来的经验也未必能帮助我和朋友一起想出这个办法。我想通过这个事例告诉大学生们，创业很辛苦，但是只要有坚持下去的决心，总有一天你会积累到足够的经验去帮助、教导他人。

热情是火，但是总有熄灭的一天；经验是柴，帮助热情燃烧得更持久；企业家是风，帮助这火燃烧得热烈而美丽。

最好的人做最好的事

经济在宏观上体现为资源的配置，配置的场所就是市场。资源可以分为人力资源、物质资源和非物质资源，它们最佳的配置可以描述为"最好的人做最好的事"。具体到创业，我们不是在所有的人当中寻找最适合创业的人，也不是在所有创业者当中寻找最成功的人，更不是在所有创业项目当中寻找最佳的项目，而是把创业者作为一个群体，和创业项目实现更好的结合。这样，我们就能有效地提高创业的成功率，并且提升创业项目的质量。

在公益创业的时代，我们更要强调资源的优化配置，实现最好的人做最好的事。为了达成这个目标，我们要搭建最好的创业平台——公益创业平台；培训最好的创业者，使他们具备公益创业的思维和能力，有效地协作共赢；实践最好的公益，促进社会的健康、稳定发展；达成最好的成功，使创业者能够把创业项目做得更好。

最好的平台

以往建设的平台，大多是相同业态的联盟，比如各种协会、商会，比如一些早期的电子商务平台等。相同业态的商家聚集到一起，透明竞争，通过为消费者提供更好的服务，扩大市场规模，实现各自的发展。以这样的思路建立起来的平台，未来还会存在并继续发挥作用。

随着创新创业的发展，社会上的有识之士也发现了创业平台的需求。从创业投资到项目库，都有相关平台的建设和对接，为创业者寻找融资、投资者寻找项目提供了服务。随着互联网金融的发展，各种O2O融资平台、创投平台以中介的形式纷纷出现，一度形成了很壮观的泡沫，又逐渐消退下去。这些融资、项目平台可能还会以波峰、波谷的形式起起落落，毕竟社会需要这样的服务，而服务又要经历新兴、淘汰、规范的过程。我认为，这些平台还仅仅以中介的思路展开，它们的作用始终是有限的。

创业者需要什么样的平台？这要从创业者到底需要什么说起。创业者依托一个新的项目，创办一个新的企业，以新人的身份进入一个市场，最需要的并不仅仅是资金，而是包括资金在内的各方面的资源，尤其是消费市场。因此，一个对创业者进行扶植的平台，必须是与市场对接的，也必须是能够不断成长和扩展的。

案例：创业不忘公益

"先定一个能达到的小目标，比方说我先赚它一个亿。"最近万达集团董事长王健林的小目标被朋友圈刷屏了。从大山里走出来的农村姑娘陈佳艺在19岁时也定下了一个小目标，那就是创业做老板。奔着这个小目标，陈佳艺从四川来到南京上学，凭着一股执着劲，一步一个脚印，在大一下学期就开始创业，现在已经是一位果敢独立的公司当家人。更难得的是，创业艰辛的同时她还不忘回馈社会，积极助力爱心中国行的活动，多次组织参与爱心捐助活动。

陈佳艺不是含着"金汤匙"出生的"白富美"，只是出生在四川一个普通家庭。她创业的种子是在高中一次打工中萌发的。2012年，高中毕业的暑假，19岁的陈佳艺到一家中央空调店做销售，因为勤奋、有拼劲，不久就赚到了6万元的销售工资，尝到甜头的她第一次发现自己可以通过双手改变生活，想要自己创业做老板，赚更多的钱成了她的小目标。

为此陈佳艺来到南京求学，在江苏经贸学院读金融专业。"一开始很彷徨。一个大山里走出的姑娘很想变美。其实每个女孩都想更美一点。"聪明的陈佳艺从中看出了商机，成立了南京魅力雅致电子商务公司，那一年她20岁，推出针对大学生就职前形象礼仪培训的项目，并实行了微信营销，成为最早的一批微商营销者。陈佳艺的创业做得有声有色，"我们这一届有2000名左右学生，有200名学生参加过我们的礼仪培训，也就是十个学生中便有一个是她的客户。"陈佳艺告诉记者，后来业务还拓展到江宁大学城多个高校，最多时学员达到1200人。

在创业时，种种困难也曾让陈佳艺产生过退缩情绪，工商税务"跑断腿"；被财税外包公司坑了不少钱；还差点因为商标的事情吃官司等等。但是陈佳艺没有放弃初心，反而发现了另一个创业商机。"我是不是可以建立一个为初创企业服务的网络平台呢？"陈佳艺说，身为创业者的她要为创业者服务，让创业者少走弯路，目标要做"企业版的京东商城"。陈佳艺在毕业之后，就召集志同道合的创业伙伴创立了一站式小微创业企业服务O2O平台——南京创创帮。该平台涵盖工商注册、财税代理、商标注册、人事社保、法律服务等一系列创业公司所能遇到的各种企业服务。公司成立一年发展初次客户1000余家，公司每月流水已超百万，"发展势头超出了我的预期。"陈佳艺说，目前她开始积极准备a轮融资，已经受到不少投资机构的关注。

90后曾被贴上很多标签，比如玩世不恭，没有责任感。陈佳艺也是一名90后，创业已经殊为不易，但她在成功创业的同时还不忘公益。江宁大学城青年创业组织"江宁合伙人"开创了一项"爱心公益行"活动，几年来陆续对江苏苏北、甘肃陇西川儿小学、甘肃陇西中和小学等贫困地区学校进行支教和募捐助学，并为边远山区小朋友建了多间蓝天书屋。陈佳艺积极加入爱心公益行活动，而且从集体式的帮扶到"一对一"帮扶，认捐了好几个特殊儿童。"除了每个月固定地给予金钱帮助，更重要的是，这些留守儿童或者离异家庭孩子比其他孩子更加敏感，渴望别人关心。我平时有空就和孩子交流、沟通，当他们的知心大姐姐，希望他们有什么问题就和我说。"陈佳艺说，这种公益行动她从2012年已经坚持到现在，也会一直坚持下去，"不要戴有色眼镜看90后，我们在自我发展的同时，不会忘却公益。"

对于这个案例，我想说的是：公益不仅在于"爱心公益行"这样的公益活动，而且包括为创业伙伴提供创业服务的创创帮。某种意义上说，创创帮所完成的公益目标，比爱心公益行更为远大。

过去，公益和创业是割裂的。人们普遍认为，创业成功者将来有了条件，才有能力去实践公益精神。而我们建立的公益创业平台，就以成长和扩展作为其鲜明的特征，为创业者提供以消费市场为核心的服务。为什么这样说呢？首先，市场的成长和扩展需要循环，一个单纯强调消费的平台很难实现这样的目标。而公益创业可以在扩大消费的同时，把消费过程的收入以公益的形式反哺到消费群体之中。这样不仅能够实现市场的物质循环，还能够通过它所倡导的公益精神，把更多的消费者吸引到这个平台当中来，实现成长和扩展。其次，公益创业平台是一个综合性的平台，它依托大学生群体创业—消费市场，在创业投资、项目孵化、创业指导、政策帮扶、信息流通等各个方面为创业者提供全面的、一站式的服务，提高创业的成功率和项目质量。这样的平台，才是创业者真正需要、可以信赖的，才是真正为创业者服务，而不仅仅是一个中介的平台。从这个意义上说，我们的公益创业平台，就是把最好的人和最好的事结合到一起的平台，就是最好的平台。

最好的创业者

创业始终是创业者的活动，一切都要围绕着创业者。一个经济体的创业水平如何，比如创业成功率、创办的企业的质量等，很大程度上取决于创业者的能力。过去，人们认为创业能力是很难评测的，因此创业成功与否是由创业者个体某些说不清楚的因素决定的。随着近年来创业成为一门学科，它的研究不断深入，人们发现，创业者的能力是可以测评的，各种创业能力测评方式也逐渐为人们所重视。如表1-1所示，这是综合了我国学者提出的创业能力测评的一个分项表格。

表1—1　创业能力测评表

主项	参数1	参数2	参数3	参数4
资源	项目	资金	团队	其他
想法	市场	价值	可行性	创新
技能	专业	管理	执行	领导
学识	行业	商业	法律	财务
才智	智商	情商	财商	毅商
人际网络	合作者	服务对象	渠道媒体	竞争对手
目标	方向	确定	集中	执着

利用这个表格，有志于创业的大学生可以直观地、定性地评判自己"是否适合创业"。这对于大学生选择今后的职业发展有一定的帮助。但是，就像我在"人才观"里面提到的那样，我不强调个体差异对于创业成败的影响。如果个体差异能够决定创业的成败，那实际上就不存在创业学这样的学科，心理学甚至遗传学就够用了。个体差异影响的是某人在创业时的方向选择，而那些"不适合创业"的个体特征，大多是"需要避免的缺陷"，或者经过培训和提升能够弥补的不足。

也就是说，"不适合创业"这样的评判，在某一个阶段是有参考意义的，在一个人终身的发展过程中，则不具备最终的、决定性的判定价值。有志于创业者可以根据自己的不足，有针对性地展开培训和训练，使自己具备更好的创业条件。同时，具备初步的创业能力的人，也要重视寻找和定位自己的优势。我说过，选择项目就是在选择自己的优势。创业者不能有特别突出的缺陷，最好是有拿得出手的优势。

对此，我也曾经有过认知的误区。刚刚接触创业培训时，我认为首要的问题就是区分谁适合创业、谁不适合创业。所以我根据各方面的研究成果和案例经验，设计创业测评的表格，看见一个人就先让他填个表。不过我心里清楚，这种表格有一个倾向：填表的人会去猜测制表人想要的答案，尤其是这样的评判性测试，填表人更倾向于主动猜测，因而使测评失去有效性。而且，不同的性格也会影响到测评的准确性。比如，乐观的人更倾向于肯定自己的优点，忽视自己的缺点；悲观的人正好相反，倾向于更放大自己的缺点，忽视自己的优点。这些因素都会造成测评不准确，得到缺乏参考性的评价。

所以，一段时间以后，根据测评的结果和创业反馈的实际，我渐渐摆脱了区分创业者的冲动。这样的测评固然可以找到一个人某些方面的特征，但是一方面任何测评都很难完整地评判一个人，一个人只有在具体的实践中才能得到充分的检验；另一方面，到底哪些特征才是适合或者不适合创业的，其实我们并不确定，只是凭借经验去判断。现在，社会变化了，经济运行的方式也发生了变化，过去适合创业的特征，现在可能不适合了；过去被认为不适合创业的特征，可能对创业并没有什么影响。所以，最后我们回到创业者测评的初始目标，它实际上是找到一个人不同于大众的地方，然后来判断它与创业项目的契合程度，进而采取有针对性的措施予以修正或者强化。

再有就是我们的创业教育。一群没创过业的老师，拿着闭门造车的创业教材，说着他们自己都不太相信的话，教出来的创业者会有什么前途？我们国家已经注意到了这一点，由教育部等部委联合认证的创业导师进校园活动正在开展。创业导师都是一线的企业家，都是中小企业创业者，有过创业成功的经验和失败的教训。他们从无到有创办一个企业的经历，是任何其他经历都不能代替的。我现在做的，就是从一线中小企业家当中遴选创业导师。这些企业家有经验、有经历，但是他们不会讲课，我要教他们讲课，把自己的所知所得有效地分享给大学生，分享给未来的创业者们。我认为这才是创业培训的一条正途。

有了创业导师，我们再把创业基地、创业投资、创业孵化、创业政策、创业信息等一整套的服务做起来，有了这样的创业环境，创业者才能如鱼得水。尤其是创业导师这个环节，我认为导师的价值不仅仅是传授，更重要的是把信心——每个人都能创业成功、精神——通过创业改变自己的命运、基因——我们要怎样去创业，深深植入到了大学生创业者的心中。信心、精神、基因，这是我们一直向前的动力。有了这些，再加上外部的扶植、服务，我们的创业者就是最好的创业者。

最好的公益

公益是我的初心。在我的心里，公益有三层意思。

一是帮助大学生更好地创业，掌握创业的知识、能力，提高创业的成功率。我们在创业教材的编写、创业教学的设计、创业导师的培训、创业政策的落实、创业基地的建设、创业帮扶的实施等方面，都做了一些探索，也形成了一些有价值的成果。比如，创业教材方面，我们以中国创业学之父赵延忱老师的《民富论》作为底本，结合本土尤其是大学生创业案例，重新编写了创业学相关教材。在创业导师的培训方面，我们重点遴选一线的中小企业经营者到高校课堂现身说法，给大学生创业的信心和活生生的经验。在创业基地的建设方面，我们与高校开展有效的合作，把创业项目本身和高校的技术支持结合起来，使创业基地也成为创业的一种方式和大创业环境的一部分，取得了很好的效果。这些，我觉得就是在做公益，做的是当前社会最大的公益。

特别需要提出的是创业政策的落实和创业帮扶的实施。大学生创业者对于政策非常缺乏敏感度，他们没有去寻找政策支持的意识，没有相关的社会经验，不知道怎么去办理事务，不知道怎么和行政部门打交道。这些当然都是需要在生活当中不断提升的。如果我们有意识地把各种有益的政策，落实到大学生创业的实践当中，会使他们少走很多弯路。比如在资金方面，大学生创业者通常很难找到有效的外部资金支持，只能依赖于家庭。而一旦创业失败，家庭因此增加的负担是沉重的。这就使相当一部分大学生望而却步，不敢创业，进而不想创业。实际上我们国家的、省市地区的、各部门各行业的、高校本身的，有很多创业资金支持方面的政策。这些政策既能帮助大学生很好地选择项目，也能为大学生创业者解决相当一部分资金上的困难。我们把这些政策和相关的办事流程等通过适当的渠道提供给大学生创业者，就是非常实际的促进。

创业帮扶的实施，则体现在我们创业基地、创业孵化器等机构的服务上。我们不能把创业基地当作一个实训的车间，一个实验室，一个课堂，而是要扎扎实实地起到创业基地的作用，直接服务于创业项目和创业者。过去，我们的创业基地可能只是满足于创业过程，创业完成了就当成一个作业、一个成果，交上去就不管了。这样，很多创业项目没过多久就都销声匿迹了。这些创业项目既然能够通过我们的层层审核、评比，能够在一定的条件下存活，它们就有相当大的机会在市场上获得成功。而我们过去的思路则让这样的成功胎死腹中了。怎么办？这需要我们转变思想，把创业基地和创业孵化器当作一个社会化的、市场化的服务，有效地运营起来，为大学生创业者提供切实的帮扶。尤其是初创企业，关键的地方帮它一把，它可能就立起来了，就存活下来了，将来就可能成长，可能获得成功。这是我们当前正在抓紧做的事情，我认为它具有相当强烈的公益属性。

二是能够引导大学生创业者在创业成功后尽可能弘扬公益精

神，反哺社会。大学生应该是一个社会情怀的承载者。为什么这样说呢？因为他们在做一件事的时候，功利心最轻，价值目标最强烈。他们选择的原因往往不是得失，而是这样做是否正确，这样做是否符合某种价值观。这样的特征，可能会在特定的市场环境中处于不利的竞争地位，但是，具备这种基因的创业项目，以及项目成长起来的企业，就会有比较符合社会道德的价值体系和价值传播。体现在公益方面，就是热心公益，重视社会效益，经常参与或发起一些慈善活动。

我们要善待这样的创业者。如果一个社会的情怀被践踏，最终受害的还是我们自己。比如没有人敢于扶摔倒的老人，就是因为拥有助人情怀的人们反而有被讹诈的风险，并被评价为傻子。结果就是我们自己家的老人，如果外出时不慎摔倒，也不会有人去扶。所以我们不能因为大学生创业者心中可能怀有在我们这些成年人眼中看上去不切实际的、被这个社会的现实所不容的设想，便去否定他们、打击他们。不然，可能就葬送了一个有前途的项目，甚至一个有情怀的人。我们与其去评判他们的情怀是否适应市场，不如去鼓励和帮助他们带着情怀走向成功，始终呵护着、保持着内心这样一种公益的、利他的情怀，始终怀有家国天下的理想主义和价值观。这样，他们的成功才是我们整个社会的成功。

三是把创业和公益结合起来，在创业的过程中实现公益，以公益促进创业的成功，这就是我们一直强调的公益创业。公益创业首先要纠正我们头脑中一直以为的公益就是单向奉献这样的错误认知。公益不仅是单向的奉献，单向的奉献主要是捐助和慈善，公益还是社会的互助、利他的交换。企业存在的方式就是与市场进行交换，因此我们能够在企业存在的动力机制上注入公益的成分，进而可能使之在公益的范畴内运行。这样，公益能够持续循环，而企业也能够在交换过程中获得收益，进而实现更大范围和规模的公益交换。

在旧的思维模式下，似乎这样的交换是无法实现的：或者是创业者把利润交换没了，所以企业无法继续生存；或者是公益得不到有效的投入支持，虚有其名。这还是把公益当作单向的投入，当作只有消耗没有产出的项目。对于这样的思维，我想问几个问题：促进就业是不是公益？促进创业是不是公益？创业和就业得到了提升，能不能创造出新的财富？这些财富能不能用于新的市场交换，支持创业项目？这些问题的答案都是显而易见的。促进就业、促进创业当然是公益，而且是最具公益特征的授人以渔、授人以海；创业和就业提升以后，创造了新的财富，扩大了市场的规模，使得公益和创业、就业都能够得到进一步的支撑，社会也因此而实现发展。所以说，创业和公益的结合是必要的，我甚至认为，这是一个社会、一个经济体发展到一定程度时的必然。

案例：残疾人的公益梦

汕头人马健华，在临近不惑之年经历了创业失败和疾病，被医生宣布再也无法像常人一样站立后，他那一段婚姻也到了尽头。尽管那场疾病几乎瘫痪了他的四肢，仅留下功能受限的左臂和三根可以灵活运用的左手指头，但他借助互联网又开始了他的新一轮创业。时至今日，他创办的公司从事网络电商推广，公司绝大多数员工和他一样都有不同程度的肢体障碍，他还为超过100名残疾人提供了网络培训。最终马健华用另外一种方式"站"了起来，并帮助更多的肢体障碍人士"站"了起来。

马健华年轻的时候，也像很多在潮南的家乡人，开始走南闯北。在年轻阶段的事业巅峰时期，他曾经经营了三家服装加工厂。但好景不长，马健华的加工厂因为经营不善倒闭，他也因为过度劳累患上了颈椎骨质增生的重病。2004年，他进行了一次手术，那次手术没能治好他的病，反而被医生宣布从此再也不可能站立起来。"瘫痪了，全身几乎都无法动弹，就剩下左手三根手指可以控制。我在医院躺了两年，出院后回到家又躺了两年。"马健华回忆当时的困境，事业潦倒再遇上重疾，顶梁柱一倒全家人的生活都成了问题。在这之后，他和妻子的婚姻走到了尽头。他就这样，从一个成功的商人，在刚要步入不惑之年的关头，变成了一个连生活都无法自理的残疾人。

"当时我躺在床上经常想，我的人生是不是就这样完了？"马健华说，在两个儿子的安慰和鼓励下，他才开始重拾信心。他的儿子开始教父亲学习电脑，而马健华也得以通过网络找到朋友，慢慢开始与分布在全国各地的残疾人进行互动。大约是2007年，在一名残疾朋友的建议下，马健华尝试开了一家网店，但由于缺乏产品货源渠道，加上宣传推广经验不足，网店开了三个月之后就倒闭了。毕竟因为早前有过创业的教训，所以这一次的失败并没有令马健华彻底失去信心，反而让他看到了商机。关闭网店后，马健华开始学习如何做网络推广，尤其是网店的网络推广。

马健华做网络推广的团队一开始只有6个人。马健华的儿子告诉记者，经过7年的努力，公司目前有12名员工从事管理和培训工作，其中仅有2名肢体健全的人。马健华在谈到自己招聘的员工里有大量肢体障碍人士的原因时说："大家同病相怜，我很想为他们做点什么。""只要有一台电脑，一根网线，身患残疾的朋友就可以接受我们的培训。"马健华说，他自己这些年来多是通过网络来实施网络推广的培训工作，其中不少人都是残疾人。在电脑的那头，马健华的团队从教会残疾人使用电脑开始，从最简单的打字开始，慢慢地教会他们如何从事网络推广，例如如何成为一个合格的网络电商平台的客服人员等等。

马健华的团队不仅培训教残疾人做客服，还教他们如何做电商运营、美工设计、店铺模板设计等等工作。"这类行业人才缺口大，工作性质灵活，在家也可办公，就业门槛低。"马健华说，哪怕是身体有残疾的人，也可以通过系统培训，考核通过即可上岗。即便是像马健华一样的重度残障人士，也可能通过这种学习，重新找到谋生的技能。在马健华的公司，记者见到了一位年龄25岁的林先生。林先生由于幼时患有小儿麻痹症，行走不便，所以自从初中毕业后就没有再读书。马健华得知其家庭情况后，经常叫人开车主动载小林到公司学习电脑。如今，经过4个月的培训，小林已初步学会了简单的电脑操作。由于只能用左手在键盘上打字，小林每分钟只能打出近20个字，但小林仍十分认真地学习着，盼望着有一天能够像马健华一样，在电脑前谋得一份工作。

现年35岁的杨先生是汕头市濠江区人，双腿患有先天性残疾，从小到大都在轮椅上生活。"残疾人要找一份工作并不容易，多学一门手艺对自身作用很大。"杨先生告诉记者，自己以前在一家珠宝加工厂里做财务，从汕头市残联得知了马健华在帮助残疾人做培训的消息后，通过电脑远程的形式，接受了马健华的免费客服培训教学，一边工作一边学习。如今，经过培训后的杨先生已是一家经营玩具生意的电商公司的全职客服。"等我攒够本钱，我自己也想开一家网店。"杨先生说。马健华的公司开设培训班至今，在他这里学成并推荐工作的肢体残障人士已经有百余名，而跟马健华的公司建立业务合作关系的商家也有100多个。

马健华说，此前他曾向汕头市残疾人联合会申请在公司设立残疾人职业培训基地，但由于尚未达到广东省残疾人职业培训基地建设规范的某些申报条件及标准，因此暂且不能申报。马健华称，他的未来发展规划还是围绕设立这个为残疾人服务的培训基地的目标展开，为了达到这个目标，他接下来将对照相应的规范来完善公司的建设，使之能够尽早符合申请残疾人职业培训基地的标准，为更多残疾人提供培训和就业服务。

近年来汕头市政府部门通过多项举措安置残疾人就业，包括举办技能培训班、整合残疾人就业扶贫培训基地等形式，开发一些手工包装、玩具装配、插花等劳动强度比较小的合适岗位等，使残疾人也能够自食其力，让他们的生活得到保障。对于马健华帮扶残疾人就业的项目，汕头市残联一位负责人给予了肯定，并表示按照相关文件规定可以给予一定的资金支持——按照开展实名制培训残疾人的数量进行补贴，每培训一名残疾人成功上岗可有1000元的补贴。

一个经济体在发展的过程中，会遇到各种各样的问题，我们现在遇到的，就是发展的瓶颈。社会缺乏创新的动力，创业项目无法获得成功，失业成为社会迫切需要解决的困难……这些都是发展中遇到的问题，也必须在发展中得到解决。我们提出来的公益创业，就是一个解决的设想。它为社会注入了创新的动力，提升了创业的成功率，因此扩大了就业，实现了新的财富创造和物质循环。我不敢说它一定能够解决所有的问题，更不敢说它是唯一解决这些问题的方法，但是我们尝试一下，哪怕解决了一些局部的问题，解决了一些人的困难，它也是有价值的，比什么都不做要强得多。

有了这些关于公益的基本认知，最后我还想强调一点，就是公益的专业化。在绝大多数人心目中，公益事业就应该节约每一分钱，能不花钱的就不花钱，像某些公益组织那样不精打细算还铺张浪费是非常可耻的；投身公益事业就要学雷锋，能用志愿者解决的就不要雇人。这些看法有些是对的，有些则是错误的。任何时候我们都应该增收节支，这是通用的美德，公益组织更应该如此。但是公益事业同样需要经营，志愿者并不能解决所有问题。我们看到很多慈善基金会的管理者象征性地拿1元钱的工资，那是因为他们并不实际参与管理，他们是形象代言人或者资金的主要捐献者，有参与公益的形象号召力，比如比尔·盖茨、李连杰等人。而真正的日常事务，都是职业经理人在经营。他们为公益组织带来更多的收益来源，使公益组织能够做更多有意义、有价值的事情，他们所创造的价值，绝对配得上很高的薪酬，这是很多志愿者仅凭一腔热情无法实现的。公益要走专业化的发展道路，要选择优秀的职业经理团队来执行，要以更好的薪酬待遇、人生价值吸引他们并留住他们投身公益，在该花钱的地方不可吝啬。

我们共同搭建最好的公益平台，吸引最好的职业化团队来运营它，培训最好的创业者，实现创业和公益、经济效益和社会效益的双赢，就是以最好的人来做最好的事。

企业是社会之源泉

　　"企业是社会之源泉"，乍看这句话可能会觉得可笑，其实我们这里讲的"源泉"是社会发展的动力之源。现代社会中蓬勃生命力最重要的体现就是市场的活力，现代社会的发展离不开企业的发展，只有蓬勃发展的企业才能为社会创造源源不断的动力，而正是这动力为社会发展提供了生命之源。

　　企业的诞生，是一件历史悠久而又复杂的事情，不过有一点可以肯定，企业从诞生的时候就决定了它是以盈利为目的的。企业不盈利就没有生存的能力，就不能养活企业的员工，就失去了存在的价值，很快这家企业就会消失在历史中，企业能否盈利不仅关乎企业员工的生存，而且关系到能不能为社会带来效益。企业想要生存，就需要竞争，享受社会给予它的权利，就需要承担起自己的责任。

　　我想着重提及社会责任感。虽然前面我也有讲到社会责任的重要性和它带来的优势，不过之前是针对企业家来讲的，现在我想着重分析的，关乎整个企业，关乎企业每一个人，并以此证明我本节一开始提出的企业是社会之源泉这一观点。我们从两次世界经济危机都可以看出来，危机都是由生产相对过剩造成的，那么为什么会这样呢？显而易见，资本家们为了获得更多的财富，不断压榨工人，以低薪换取高额的差价回报，导致穷人更穷，富人更富。企业社会责任最早是由美国学者谢尔顿于1924年提出来的，他指出企业经营应该与本产业内外涉及的人类需要的各种责任联系起来。该思想冲击了"企业的责任就是为股东赚钱"这一传统的社会观念。第二次经济危机发生在1929年，显然资本家们并不认可这种想法。到了20世纪50年代，Bowen的著述《商业人士的社会责任》被认为是开启了企业社会责任的时代。此后社会责任不断地发展和完善，目前公认的定义来自"管理学之父"菲利普·科特勒：企业通过自由决定的商业实践以及企业资源的捐献来改善社区福利的一种承诺。这是一个无法用价值衡量的承诺，当代的企业也越来越清楚地认识到企业利益与社会责任是不可分割的双生子，追求越高经济效益的同时也要对社会更加负责任，承担更多的义务。

　　我们要如何理解"负责任"这三个字呢？企业的发展不能只看到眼前的利益，现在都在讲可持续发展，企业也要可持续发展，企业在实现经营目标的同时还要保持持续的盈利增长并持续提升能力。社会责任不在于企业发展得多大多强，为社会捐助了多少钱，自己企业多么厉害，开启了多大的海外市场——这些都是片面的，真正的社会责任是要求企业将社会责任贯穿到企业的整个日常运营中来，关系到与之相关的所有人，以及周边的环境，方方面面都要兼顾到。概括起来很多，社会责任主要包括下面几点：

1. 遵守商业道德，诚信经营。当今中国的企业面临的最大问题就是诚信。三鹿奶粉的"三聚氰胺事件"中，不法分子为了增加奶粉中的蛋白含量放入过量的三聚氰胺，从2008年6月到2009年1月间，共有6名婴孩因喝了毒奶粉而死亡，逾30万儿童患病，事件曝光后三鹿集团宣告破产，相关责任人受法律的惩罚；双汇的"瘦肉精事件"中，河南省孟州市等地养猪场采用违禁动物药品"瘦肉精"饲养生猪，有毒猪肉流入济源双汇食品有限公司，引起社会关注后，执法部门共查处3处加工点，对95人实行强制措施；还有一些小企业，各种"黑"作坊，做了那么多触目惊心的事……国民总是嘲笑自己"吃了那么多东西，早已百毒不侵，在中国什么样的食物都吃过"，这自嘲的背后，怎不令我们担忧！

我们的企业到底怎么了？为了追求利益放弃了自己的良心，不惜以消费者的健康作为代价，难道利润真的就是一切吗？企业家们，你们的诚信在哪里，一开始办企业不就是为了让自己过上好日子，解决人民的困难吗？现在呢？都忘记自己曾经的承诺了吗？企业家们，你们想要无视社会责任到什么时候？在追求发展和利益的时候，不是应该遵守商业道德吗？消费者是企业生存和发展的衣食父母，失去消费者的企业又何谈发展？企业一定要将商业道德放在第一位，只有那些让消费者放心、得到消费者支持的企业，才能够得到持久的发展。

2．生产安全的把控。这不仅指企业员工的安全还关系到使用者和企业周边的安全情况。企业员工频频工伤，企业不仅不负责任，反而找借口逃避赔偿；桥面坍塌，偷工减料，致使那么多家庭失去家人，部分企业与官员却为了个人私利枉顾人命，如此不负责任，安全监管如此不力；污染周边环境，造成周边的人们生活不便，这对于一家有责任心的企业来说是不可取的，企业严把安全，将安全生产把控到万无一失，才能对自己的企业负责，才能对社会负责。

3．自觉承担应纳税义务。对于公民来说，纳税是应尽的义务，更不要说一家企业。国家规定，企业应按照法律缴纳税额，可以合理避税，但绝不能偷税漏税，国家的主要收入来源就是税收。如果企业不能承担起责任，国家又靠什么去发展，国家不发展，又拿什么来帮助企业发展呢？偷税漏税的企业都是国家的蛀虫，在赚取百姓钞票的时候，完全不考虑反哺国家和社会，以这种不法的方式赚取更多的利益，抛弃的是国家责任和人民的利益。主动纳税才是企业应尽的义务。

4．保护劳动者的就业权益。企业应为普通劳动者提供就业机会，帮助劳动者实现自我的价值，同时获得劳动报酬和劳动保障。

企业不能克扣工资，无视劳动者的就业保障，更不能因裙带关系而忽视劳动者的工作能力。企业要尊重劳动者，保护劳动者权益，这样才能够得到劳动者的尊重和忠诚，帮助企业吸引人才，帮助企业发展。

以上是我的四点归纳，我们会发现，企业做到以上四点，目前在市场上发展得都不错。华为2015年为东莞贡献40亿税收，成为第一纳税大户，它在发展企业的同时履行自己应尽的义务，如今已成为国内手机行业内的佼佼者。企业一步步做大，恪守自己的承诺，经济会不断地发展，人民生活水平也会不断提高。社会的发展程度和经济实力在一定程度上是与当地企业的发展分不开的，经济发展快的地区，消费者的需求也会不断增长，企业就发展得相对更快。企业是社会的源泉，源头之水越活跃、越多，社会发展得也会越好；企业是社会之源，表明企业在社会中于经济发展方面有着举足轻重的地位，能力越大，责任也就越大，这种地位决定了企业需要承担的责任。

企业履行责任，最好的途径就是公益，企业的社会责任可以通过公益事业来拓展。娃哈哈集团董事长宗庆后认为，只有持续地为社会创造财富才是真正的慈善，才是真正有责任的企业。娃哈哈从校办企业起家，30年来一直对社会公益事业倾尽全力，一直坚持"办企业就是为人民谋利益、回报社会"的理念，积极投身社会公益事业，捐资助学，应对公共危机，赞助文化事业，帮扶弱势群体……

　　"企业生存于社会，应当回报社会；企业家不但要会赚钱，会经营企业，更需要有社会责任感。有良心的财富才有意义。"娃哈哈集团董事长宗庆后言发肺腑。

　　经过精心筹备，以"大爱无疆，泽被社会，让爱无所不在"为宗旨的"娃哈哈慈善基金会"于2009年注资1000万成立，专门从事慈善、公益活动的运作，让娃哈哈的公益行为能够持续发展。2010年，西南五省旱情严重，成为重灾区，从2月底的45万瓶娃哈哈纯净水，到3月底第四次向灾区捐赠1000万瓶，通过娃哈哈慈善基金会，共计1159万瓶纯净水通过娃哈哈网络，陆续运往灾民手中。4月初，娃哈哈联合全国媒体、九大卫视、几十家网络媒体，通过《抗争救灾，我们在行动》大型晚会向全社会号召支援灾区。

　　离开了企业，公益是无源之水、无本之木。企业越强盛，公益之树才会越茁壮。任何企业都是从无到有，从弱到强。企业发展需要不停地创新，创新就是有着最旺盛生命力的活泉，我想让大家认识到这个根本，牢牢抓住这个活水之源。

　　企业做公益的时候，可以和大学生们一起，因为致力于创新创业的大学生将来也会成为企业家中的一员。企业家通过带领大学生参与公益，培养他们的公益之心，使之将来能够继续作为社会的源泉。企业做公益，对社会有着极大的价值，同时对企业本身的作用也是不同凡响的。

1. 提升国家国民整体素质。企业带头发展公益，呼吁社会上更多的人参与到公益事业中，这不单单能树立企业良好的形象，更有助于国民素质的提升。国民有一颗慈善的心，愿意帮助社会中的弱势群体，这种互帮互助的精神将国家、企业和个人紧紧地绑在一起，形成了一个公益生态系统。国民素质的提升意味着国家综合实力的上升。

2. 帮助企业增强社会责任感。企业不能靠老板一个人，只靠老板努力的企业是不能坚持长久的。企业由员工组成，员工在企业里也起着至关重要的作用。公益创业进行的同时能将公益理念传播给企业的每一人，学习公益。企业有社会责任感，是社会的福音，因为企业责任感越强烈，对社会的反哺也就越多。

3. 企业能够获取更多的社会资源。资源主要分为两部分，一部分是企业在进行公益创业的同时整合、吸纳并运用的社会资源，无论什么资源都是有限的，想要资源就必须竞争，而公益事业是所有企业都愿意参与的事情，拥有资源的企业就会联合起来共同完成公益活动，这样无形中便扩大了各自的资源范围；另一部分则是企业声誉带来的，社会资源自动地选择企业，而政府是掌握资源最多的，当企业拥有良好声誉的时候，进行公益事业便是在帮助政府调配社会资源，政府自然愿意将手上的资源分配给企业，由企业来创造更大的价值，帮助企业快速发展。

4.能帮助大学生创业者树立公益观念，将企业建立在公益的基础上。企业家帮助大学生进行创业，提供资金、资源和商业上的各项帮助，大大提高了大学生创业成功的几率。大学生会因此对于社会和曾经帮助过自己的企业怀有感恩之心，当他们成功创业之后，就会反哺社会，帮助更多需要帮助的人，从而形成良性循环，造福社会。大学生进行公益创业不能仅仅只是为了创业，同时还要做一件事，即提升创业成功者反哺社会的精神意志。为什么呢？大学生创业成功了，你会发现，是由于有一个好的平台的存在，这会让大学生明白创业之初有一个良好的平台和可用的资源，是多么幸运的一件事。在他们创业的过程中，我们能够告诉他们这些，灌输给他们公益创业的重要性，我相信，在他们创业成功之后也会去帮助新的大学生，帮助那些真正需要帮助的人。喝水不忘挖井人，饮水思源，大学生不会忘记从企业家身上学到的一切，会继承这种做公益的心，做一个传承者，扛起未来引领时代的大旗。

摆渡人

"摆渡人"是一个佛教名词。佛和菩萨以慈悲之心度人，就如同航船摆渡，从生死的此岸摆渡到解脱的彼岸。最早接触到这个词，还是1990年代周华健的摆渡人音乐工作室（不怕暴露年龄了）。当时我还是一个追星族，追的好像并不是周华健，对"摆渡人"这个词和它的含义也没有什么感觉。直到多年以后，创业培训成为我的职业、公益创业成为我的信仰之后，有一天这个词语突然闯入了我的视野，因为它确实很契合我追求的角色。

创业：从失败到成功

我的心路从创业之殇——创业的失败开始，我最希望的，是以创业的成功作为结束。从失败到成功之间，我所经历的、所看到的、所想到的，以及这么多年我所付出的、努力的、追求的，是新的精神、新的认知、新的方法。旧的创业观念把创业者的个人特征，尤其是他的社会关系特征，比如路子广不广、人脉强不强、有没有后台……当作创业成败的关键，这或许适用于某个时代，在当前或许也有用，但它不是我们每一个普通人成功的方式。我们追求的是每个人的成功，每个人的受益，而不是互相争夺的战场、此消彼长的零和博弈。这就需要我们能以新的情怀、新的平台、新的方法，去塑造一大批新的创业者，使他们从大学生迅速成长为社会财富的创造者，进而形成一个创业—公益的互利平台，使社会的每一个成员从中受益。

我们在谈及发展时，不能忽视的两个参数就是数量和质量，创业也是如此。创业者、创业企业的数量体现了创业的活跃程度，可以视为一个社会创业的信心，或者直接说是一个社会的信心。没有足够的数量，没有普及型的创业，这个社会就难以保持很好的发展。我们的公益创业平台是为每一个大学生服务的，为每一个大学生提供了创业的机会，并且配套各种创业的支持和服务。大学生从对创业很陌生，到最终选择创业，需要经历认知、理解、信心、行动的过程。我们在这个过程的每一个环节施加影响和帮助。从创业教育、创业导师进课堂这些工作开始，让大学生对创业有充分的认知和深入的理解，知道为什么要创业和怎样创业；把公益创业平台当作创业教育和行动促进的重要内容，使大学生树立创业成功的信心，最终转化为行动。我相信，经过这样的努力，创新创业一定会成为大学生的重要选择，并以他们的热情投身其中，实现创新创业的大发展。

案例：大学生村官的情怀

他是一名大学生，也是一名大学生村官。2008年毕业后，加入了江苏省第二批大学生村官队伍，来到扬州仪征市路南村做村支书助理。5年来，他先后带领村民创办了食用菌生产厂，开展了蔬菜大棚种植，发展高效农业，引领农民过上了小康生活。

他叫郑福源，谈到大学生创业的心得和经验，他说："创业不需要豪言壮语，只需脚踏实地，有勇有谋地走出适合自己的路。"

2008年，郑福源以优异的成绩毕业于南京审计学院，本可留在南京找到一份不错工作的他，为何毅然决然选择加入江苏大学生村官队伍？又是什么样的动力让他选择在农村创业？"我来自农村，也想回到农村。"郑福源自我介绍道。1985年，他出生在扬州仪征的一个贫困农民家庭。大学毕业后，他选择报考了大学生村官。

初到仪征市大仪镇路南村，郑福源发现，虽然该村的生活条件还可以，但是村民不是出去做泥瓦匠，就是在毛绒玩具厂当工人，干的都是体力活儿。既然扎根农村，就要充分利用农村的优势。由此，郑福源萌生了立足农村，发展高效农业的想法，他想带领村民走一条生产、技术、市场相结合的富裕路。"创业要有激情，更需要理智。"郑福源跑遍了整个仪征市后发现，食用菌种植在这里非常少见，仪征的食用菌市场多是依靠外地输送，而食用菌生产的投入很少，几十万元就能做起来。2008年底，郑福源在路南村租用了20亩地，带领40多个村民，创办了扬州市嘉康菇业发展有限公司，开始了金针菇的工厂化生产。

如今，公司运营了五个年头，不仅培养室、生长室、包装室等一应俱全，实现了机械化、流水线生产，还成立了专门的食用菌配送中心，有固定的销售渠道。现在该公司金针菇日产8吨，每天全部销完，年产值达300万元。

来到路南村，地里大棚连片，大棚里辣椒、西红柿、黄瓜"争奇斗艳"、鲜嫩欲滴。村民们正在地里忙碌着，见到郑福源，大老远就扯着嗓子跟他打招呼。"在村里，用大棚种蔬菜，我是第一家。"谈起大棚蔬菜种植，郑福源滔滔不绝，"2009年底，我又向村里流转了20亩地，建了18个大棚，每个大棚种植不同的时令蔬菜。规模不大，一般蔬菜可以提前上市，卖到好价钱。"郑福源的大棚蔬菜有几个特点：一是不转手、不外卖，保证价格公道；二是不打反季节的牌子，尊重老百姓健康饮食的习惯；三是不同季节的蔬菜轮流种植，保证及时供货。

为了帮助村民掌握更多的蔬菜种植技巧，郑福源常常请来仪征市农委的专家给予指导，并到书店买来书籍、在网上下载视频供村民学习，还常常在大棚内开起经验交流会。在他的带动下，老王等种植户每天都看农经节目，还学会了用地膜种菜。"多数人思想比较保守，我觉得，要想创业成功，首先不能害怕。"郑福源说，"很多事情，在想的时候觉得很难，但是真正动手做起来就不难了。"

创业五年，回味各种酸甜苦辣，郑福源说，创业的道理很多，但事非经过不知难，很多事情只有自己亲身体会，才能实实在在地成长。对于在困境中成长的郑福源来说，抓住每一个机遇，把它变成自己的资本，这就是他的路。因此，在创业过程中，再怎么困难，他都能硬着头皮走下去。在搭建蔬菜大棚时，为了节省开支，他自己动手弯钢管，一天下来，满手磨得都是血泡。

当然，除了各种酸楚，创业的道路上也不乏欢乐。郑福源有一个小账本，上面记着大棚蔬菜每天的营业所得。"一开始每天记个百十块钱，挺高兴，不管怎样，毕竟有收入了。后来开始记上千的数字，我就把一个月的收入加起来算算，心里不禁惊叹：种菜也能有这么多收入！"郑福源呵呵直乐。然而，他的开心并不止于此，郑福源说，现在老百姓看到了高效农业的前景，已经有许多人开始探索着干起了种植，"我是吃百家饭长大的人，能用自己的力量给大家带来些好处，自己的人生价值得到了实现。"

5年来，郑福源从一个大学生，踏踏实实、一步一个脚印地成长为扎根农村带领村民致富的创业能人。对于未来，他说，目前在考虑如何把菇渣加工成燃料，实现蔬菜大棚种植效益最大化，成立合作社带动更多的村民走上创业路。

　　有了数量上的保证，我们同步努力的目标便是提高创业的质量。首先是政策的引导。国家政策在扶助创业的力度上不断加强，同时也包含着行业和产业方面的引导。一些落后的、濒临淘汰的产业，或者污染严重、技术含量低的产业，都无法得到国家政策的支持。因此，创业本身就包括经济结构的优化，大学生创业的成功，对整个经济的提升都是有帮助的。在我们的视野中，也把互联网、信息、文化、高新技术类的创业项目当作主要的帮扶对象。在社会各界的共同选择和努力导向下，创业成功就可以有效地提升经济的质量，优化经济的结构。其次是公益创业的模式。我们把公益和创业紧密地结合起来，以互相成就的关系形成经济上的协作，这样既提高了创业的成功率，也使公益创业平台得到不断的扩展。更为重要的是，每一次公益创业的成功，都能够促进社会公平，这是单纯的经济发展难以受到的效果。所以，我们公益创业的模式，是兼顾经济效益和社会效益的。一个创业项目的成功，在公益创业的视野中，本身就是经济效益和社会效益的统一。第三，落实创业带动发展的战略。创业带动发展并不是一句空话。创业的成功使社会财富产生新的增长，促进新增就业，进而拉动整个经济的发展。不仅如此，创业的成功也为一个社会积累着文化的、信心的、精神的财富，使社会充满激情和梦想。我们的公益创业，则通过带动一个模式、一个群体的发展，进而激活整个社会的良性发展，这是在我们预期之中的。

所以，在创业从失败到成功的转变中，我们很好地实现了从此岸到彼岸的摆渡。摆渡并不是虚幻的、仅仅心灵能够体验的境界，它还是活生生的、实实在在的行动和影响。能够成为这样一名摆渡人，成为我们公益创业大平台中有影响力的人，我感到骄傲。

公益：从单向到互利

如果我们一直把公益理解为慈善和捐助，那么这个社会一定要期待并依赖于人们取得成功之后的慈悲。我相信人的本性是善良的，但是不能依赖于此。我们能够依赖的其实是一种机制，一种把公益当作社会发展方式、当作人们生活方式的机制。只有这样，公益才能深深扎根于每个人的心中，成为一个社会积极倡导的精神。

所以，多年来我一直强调的，就是我们要转变公益的观念，重塑公益社会的基础。作为一名老师，我有这样的体验：如果在课堂上始终是我一个人单向传播，一个人拼命地讲啊讲啊，很快不论是我还是听众都会感到厌倦。一个社会也是这样，如果我们始终期待少数成功者捐款，那么他们既无法持续捐款，也无法使捐款帮助到每一个需要帮助的人，每个人都不会满意。这样的单向模式是不会持久的，它也只不过起到了和国家财政类似的功能，是财政的补充。我对慈善事业参与者充满敬意，但是我也要说：财政不能实现的事情，慈善也实现不了。

公益创业就是对公益模式一个很好的探索。它对当前的公益认知也是一个冲击。我们既往的思维模式，是把公益和利益二元化，把它们割裂开来、对立起来：在谈钱的时候不能谈情怀，谈情怀的时候谈钱就俗了。2017年3月20日，美国一代传奇富豪大卫·洛克菲勒去世，享年101岁。他给世界留下一句名言：我要拼命地赚钱，拼命地省钱，然后拼命地捐钱。我们的北京协和医学院，就是洛克菲勒家族捐建的。捐钱是情怀，赚钱一点也不俗，不赚钱你拿什么捐，你以为你是罗宾汉吗？

所以我们设计推出了公益创业的模式。它是建立在公益营销、创业学、市场学、经济学等一系列学科基础上的，是一个基于中国发展现实的全新模式。它把创业项目和公益项目结合起来，通过创业项目的推动实现公益项目的落地，通过创业项目的收益实现公益项目的目标，通过公益项目的政策实现创业项目的成长，通过公益项目的精神拓展创业项目的市场。这样，公益和创业就从互相冲突的对象，变成了互相成就的目标。在这个过程当中，公益不再是单向的、从资金到需求的流转，而是形成了双向的互动，公益在互动过程中为创业提供了资金收益的价值，并因此获得可实现的资金来源和机制保障。这样，公益就既体现了情怀，又不依赖于情怀。

不仅如此，我们建立起这样一个平台，把大学生群体纳入其中，并通过他们的影响，把这样的思维、价值、精神和模式渗透到他们的家庭，进而影响到整个社会。也就是说，第一，我们的公益创业平台同时还是一个消费平台，为公益创业项目提供不断增加的消费者；第二，这样的结构为公益创业提供了更多可能的项目，我们可以不依赖于政府的助推，而是把互助的模式推广到每一个项目，甚至在项目产生之前就以这样的思路去设计；第三，公益创业平台的每一次公益创业实践，都在强化着这个模式的影响力，进而推动着社会的发展。

我们要有如此的勇气，不仅开辟一个公益的领域、创造公益创业的全新模式，而且重新定义公益，以不同的方式实现公益。在我心中，这是最美好的事。而且，这样的美好属于每一个人，属于每一个创业者：他们不必等到成功之后，而是在他们生命里的每一天，既是一个创业者，又是一个公益家。

灵魂：索取与奉献的融合

最后我想说的是，一路走来，我感受到了灵魂在时光中的流动。每一个所见所闻，每一个所想所感，就如一滴滴水汇成小溪，流向灵魂的深处。它们彼此冲击、融合，让我感受到不同的人生。现代人的灵魂，是由情感和事业两个主要的坐标轴构成的。有的人情感丰富，尽享天伦之乐，或者自由自在、无拘无束，或者行侠仗义、快意恩仇；有的人事业辉煌，或者成为所在领域的佼佼者，或者成为众人景仰的业界翘楚，或者以其事迹为世人称道。对于一个普通人来说，情感和事业，尤其是内心深处的某种情怀和每天日常所做之事，很难达到真正的融合、统一。比如有的人在事业进取的同时忽视了家庭，进而忽视了自我；有的人追求情怀却最终一事无成，成为事业上的失败者。这样的人生不能称为是成功的，只能说是一场悲剧。

为什么会这样呢？我相信每个人都有不同的答案。在我看来，情怀是一个人在奉献中得到的一切，而事业是一个人在索取中得到的一切。奉献才能成就情怀，索取才能成就事业。一个人很难同时奉献和索取，也就很难在两个领域尽善尽美。我也曾经那样苦苦追寻，也曾经为此困惑不已。最终，我还是找到了把奉献和索取融合在一起的、成为我一生事业的公益创业。

有了公益创业，我能一边以公益方式获得情怀上的满足，进而得到心灵的升华，一边以创业方式获得事业上的成功。不仅如此，我还把我的情怀、我的事业传播给参与公益创业这个事业的每一个人，也让他们感受到情怀和事业的共同融合。在这个意义上说，我就成为一名灵魂的摆渡人。很多年过去，回首走过的路，我无怨无悔。

不仅如此，我还可以设想，某一天我们从白衣飘飘的年代，来到白发飘飘的年代，那时我们就可以回首这一生，并用我们这一代每个人都记得的那句话做一番自我评价："我既不会因虚度光阴而惭愧，也不会因碌碌无为而羞耻。"到那时候，我或许可以说："我，Apple，不忘初心，与你始终。"

公益为创业而歌

真正的公益、最大的公益，就是创业，就是教会大学生如何创业。在这个意义上说，我做的就是这样一件事，当公益与创业共同起舞，创业者的人生变得与众不同，整个社会也因此步入和谐——这也是我从事这么多年公益创业的初心。

公益创业又称为社会创业，是近年来在全球范围内迅速兴起的一种全新的创业理念与创业模式，追求社会性和企业性的统一，将实现社会价值和企业化运营结合在一起。公益创业不仅涵盖了非营利性机构的创业活动和营利性机构践行社会责任的活动，还成为政府失灵和市场失灵的矫正力量。它以和平的方式达到了以往通过暴力和流血也未必能实现的社会目标。公益创业的兴起是创业领域最重要的成果之一，赢得了社会的广泛关注和好评。在解决社会问题，打破国家"福利僵局"方面起到了积极作用，并将对21世纪人类社会的发展产生更为深远的影响。公益创业的开启是创业教育的重要里程碑，也是未来创业研究的重要领域。公益为创业而歌，公益为创业加码，歌唱创业。公益拥有着我们不能想象的力量，CCTV有一档节目《公益的力量》，是中央电视台推出的首档关注企业社会责任的大型公益对话栏目。它解读社会热点话题，剖析企业社会责任问题，讲述企业奋斗历程，树立企业公益典范，突出企业社会责任的重要性，践行中国梦，传递正能量！

我们能够看到公益的能量，陈一丹先生也告诉我们要相信公益的力量，他在由腾讯公益发起的益行家公益探访之旅正式启动仪式上分享了"三个相信"。

1. 相信时间的力量。人类发展有不断加速的趋势，粗略地说，人类走出非洲散布到全球不过是7万年的时间，真正改变全球的工业革命不到260年。中国近几十年间显示了面貌的巨变。

2. 相信自己的力量。也有人问我，为什么要那么努力地去推教育、做公益？今天见到大家，你们每一个人就是最好的答案。一个孩子，是中国13亿分子之一，而对于他/她而言就是独一无二的百分之百。你在院子里种下一棵树，树木每年在长大，这不会计入GDP，但它带给人的幸福感无法用金钱计算；你教会乡村孩子四则运算，你教会乡村孩子一句英语，这个不会计入GDP，但你们正在播撒种子，开启未来。我们每一个人都很重要。

3. 相信技术的力量。今年，引力波的发现，谷歌Alpha Go的人机大战，都让我深感振奋。宇宙探索、人工智能、基因工程，这将是我们更为壮阔的未来，也引发我们思考未来人类与技术的关系。技术推动世界，公益人在埋头做事的同时，也多跟进国际的前沿趋势，接入国际视野。借由新的技术，公益可以更酷，更创新，更有趣，吸引更多年轻人参与，世界的希望在于年轻人，你们定义未来。（摘自腾讯公益，有删改）

我也一直在做这样一件事情，相信公益，相信年轻人，每次通过讲座，我将我自己想要传达的事物传达给受众，多么希望年轻人可以参与到这个事业中来。大学生是一个充满活力的群体，我总能从大学生身上看到无限希望。创业教育总是会问一个问题："创业可不可以教？"我觉得可以教，而且可以教得很好，大学生接受创业教育，学会创业，作为公益创业的新生代力量，我想这是最好的接班人。从做教师开始到后来进入这个行业，我依旧在学习，教书育人是老师的天性，公益创业是我的事业也是我的人生，这两者的结合，大概是最完美的了。

我将大学生作为公益创业的主力军，原因其实很简单，因为大学生是富有朝气的，拥有纯天然的优势，他们年轻，有活力，有着丰富的想象力和强烈的创新性。这些是创业最好的条件，加之专业知识的学习，这只新锐之军终将势不可当。

公益创业是大学生创新创业实践育人新模式，大学生进行创业不一定非要创办商业企业，产生经济效益，公益创业也可以产生经济效益，通过参加公益来实践创业，对大学生来讲不仅仅是实践，更是精神上的学习。公益教育强调创新精神，强调实践精神，公益创业实践是对社会实践形式的升华，弥补了当前教育缺乏实践的弊端。大学生学习如何创业教育，我们又该怎么教给他们呢?

首先，很重要同时要解决的问题是，大学生是否真的有兴趣。都说兴趣是最好的老师，如果对这件事情不感兴趣，我想是没有坚持到最后的毅力和勇气的。老师诲人不倦，也需要愿意学习的学生。兴趣是可以培养的，在教学过程中，潜移默化地培养大学生的兴趣。大学生假如对创业有一点兴趣，但又因为各种原因产生顾虑，老师应该不断地鼓励学生，告诉学生要相信自己，人往往因为自信而成功，拿破仑讲："在我的字典里没有'不可能'这个词。"正是他的信念助他横扫欧洲大陆。同时也要学生不断地暗示自己，告诉自己能行，告诉自己不怕吃苦，能在创业的同时找到快乐。仅仅具有兴趣的学生只是三分钟热度，学生除了要有兴趣，还要勤奋，有毅力，一个具有勤奋精神的学生，即使头脑不太聪明，仍有可能取得好成绩。

其次，要有专业的老师。老师的专业性就在于有丰富的创业实战经验和专业教学经验，而现在大学里教创业的老师多数是没有亲身的实践经验的，只利用课本和网络上的知识来教授学生，这样教出来的学生多数只会纸上谈兵而已。我进入创业教育这个行业已经30多年了，每次讲座我都想用真事真例告诉听众，用这些我亲身经历的事例来告诉大家，公益创业没有那么难，只要你肯学习，有企业家的帮助，国家的支持，加上自己的恒心，还有什么是不可能的呢？那么，有了专业知识的教师应该怎么教呢？

我听过一位教育专家的讲座，他和我们说："各位老师，大家一定要用案例来给学生讲创业课程。"接着这位专家用一个案例来进行示范，讲了俞敏洪怎么从100万到上市，在这个过程中，种子期融资多少，A轮融资多少，B轮融资多少，C轮又融到多少……案例讲得特别精彩，分析得也特别到位，很多人都报以热烈的掌声。我有时候并不会附和他人，我就站了起来，说能不能告诉大学生创业更加关心的一个问题：俞敏洪是怎么从0到100万的？至于后来他企业的发展，学生有了创业的基础，自然会懂得。出人意料的是，专家和我说："赵老师非常抱歉，还没有资料研究俞敏洪如何从0到100万的。"从学校的各种创业比赛我们也能发现一个很大的问题，大学生参加比赛，A轮我要2000万，B轮我要5000万，C轮我就要企业上市，这不是创业，这是纸上谈兵，甚至连纸上谈兵都称不上，更像是吹牛大赛。这不是脚踏实地的创业，大学生创业绝对不能这样。

我接手做创业教育之后，开始研究教材，教材才是教育的基础。但我发现，中国的创业教育的素材总逃不过马云、俞敏洪、柳传志，不然就是国外的品牌案例，这让我意识到，中国的创业教育教材必须改革。作为一名教师，我不能误人子弟，于是我写了一个关于全面开展中国本土化创业的教材方案。我写了一个背景，中国教育体系的形成，始于1978至1979年邓小平请专家从国外购买教材，进行翻译和编写，所以中国教材都是国外的案例。但是经过这么多年的发展，中国还缺少自己本土的故事吗？我将方案上交给领导后，在2015年10月召开了教材编务会，有幸请到了教育部高等教育学会的学长徐振远，教育部的副部级干部，邀请到了清华北大的老师，还有负责创业就业的一把手。开完会，我对专家们说，我要做中国第一套本土化创业教材，这些教材各个学校都能用上。我始终认为，教材同样很重要，专业的教材加上专业的老师，才能收到双管齐下的效果。

接着，要培养大学生的社会责任感，使之有一颗慈善的心。公益创业不同于商业创业，公益创业也就是社会公益创业，它基于社会使命和责任感的要求，为谋取公众社会利益的创业行为，是一种面向公众提供产品或服务的社会活动。商业创业则是为了创造经济价值。

最早也是最典型的公益创业是获得2006年诺贝尔和平奖的穆罕默德·尤努斯，学习公益创业一定要了解这位伟大的企业家，他将自己的一生都投入到了公益创业中。他创建了格莱珉银行，虽然格莱珉银行是营利性组织，却以扶贫为目的，以商业运作的方法和管理模式获得盈利，不分等级，关爱和信任穷人，帮助他们识别创业机会并获得小额贷款，战胜贫困。目前格莱珉银行已拥有2226个分支机构，650万客户，每年发放贷款的规模超过8亿美元，还款率高达98.89%，资产质量良好，远远高于世界上公认的风险控制最好的其他商业银行，已经成为国际上公认的最成功的"穷人银行"，该银行的"微型贷款"帮助无数穷人实现了脱贫的愿望。这种新的公益创业的商业模式，商业化运作的社会企业，带给企业家们新的启发。就如诺贝尔对他的评语一样："持久的和平，只有在大量人口找到脱贫的方法后才成为可能。"大学生需要学习的就是这样的企业家的善心，而拥有这样的善心，才能更好地为社会造福，更好地促进社会发展。自己富裕只是满足自己的私欲，而社会的富足才是自己内心精神上的富足。

大学生学习公益创业学专业知识之外还要学什么？只有专业知识就足够了吗？答案肯定是不够的，其实学习专业知识真正的目的是为了培养大学生对市场的敏锐度，找到适合自己、适合市场的项目，一听是公益创业就盲目地选择，反而会浪费社会资源。在选择项目时要做好社会调研，同时要考虑到自身各方面的因素。大学生进行公益创业，有企业家的帮助，也要有自己的判断能力，要有自己决断的思维。

大学生为什么要学习公益创业，大学生进行公益创业有什么益处呢？我认为有三点：

其一，能丰富大学校园文化生活。中国青年报社会调查中心通过新浪网对千名网友的调查显示，96.4%的人赞成大学生投身公益创业，其中38.2%的人表示非常赞成。参与公益创业可以实现自身的成长，可以改变自己。公益创业在大学生中有很好的群众基础，公益创业突破了大学生找工作或者商业创业的模式。

其二，能增强大学生社会责任感。选择公益创业一开始就是选择了一种将经济目标和社会目标融为一体的组织形式，能走得更为长远，对社会、对个人、对生态的意义将更大。传统的创业是指创办企业，强调经济价值，公益创业更加强调社会价值取向和公益性，是一种很好的实践育人模式有助于应对当前社会的功利主义心态。公益创业是企业家们对社会的一种回报，是对社会的责任心，而大学生学习公益创业正是继承责任心。

其三，大学生公益创业是推动社会公益事业发展的新途径。公益创业行业包括公益创新行业、社会企业、企业的社会责任领域，将来终有一天会有更多的社会企业。欧美一些国家公益创业解决的就业人数达到全国10%，创造的GDP超过10%，中国用30年的时间实现经济发展的飞跃，未来也能实现这个目标。公益创业，大学是一个很好的发源地，大学生参加公益创业无疑将大大助推社会公益事业更好地发展。

当万事俱备只欠东风的时候，企业家与大学生的强强联合，让我们看到，正处于黄金期的公益创业，会顺着这股东风掀起万波巨浪。

心　法

一番番春秋冬夏

一场场酸甜苦辣

敢问路在何方

路在脚下

——《敢问路在何方》

人们常说，条条大路通罗马。这不是在强调路径之多，而是在强调奋斗的过程。相对于不同的人，每条路都是不同的；相对于目标，每条路又都没有区别。我们是人，不是目标，我们有方法，心手相传，薪火相传。

走出企业公益的误区

　　虽然现在企业都在强调做公益，但是我们不得不承认真正进行公益创业的企业数量其实并不多。我不确定是企业家们有太多顾虑，还是因为对公益创业存在一些误解，总之愿意开展公益创业的企业都没有落实这件事。我想用一整节来与各位一起探讨这些问题，希望能够起一点点的作用，这会让我感到十分开心和荣幸。

　　误区一：做公益就是奉献。

　　做公益前企业家一定会考虑到一件事：回报。做了公益就没有回报，只是单纯地付出，这与企业自身的发展是完全背道而驰的。企业现在做公益有两个极端现象：一是做公益只是为了企业发展，企业发展好了就好，完全不考虑公益是否帮助到他人，这太过于功利；一是企业无私奉献于社会，不考虑回报。其实企业可以在做公益和自身的发展之间找到一个平衡点，做公益在帮助他人的同时能够实现自身的企业，从而达到多方共赢。

上述两种情况多出现在国家遭受灾难的时候，例如地震海啸等自然灾害。企业一次性大规模捐赠，对于一些小企业来说并不是一件容易的事，况且一次性捐赠也不是长期的公益事业。离开企业利益就没有了企业对社会的公益，企业将公益与利益分开来谈，做公益单纯地等同于奉献，是没有利润的，我想这种说法是错误的。能否得到公众的认可，实现企业发展，区别就在于企业是否摆正了自己做公益的态度。

大家知道玫琳凯，它是做化妆品的。玫琳凯在1995年进入中国后，就想和中国政府搞好关系，可是美国人不会中国那一套酒桌上的文化，不会吃饭喝酒发名片，不会在酒桌上谈生意。于是，它将公益模式带入了中国。进入中国后，它和政府打交道，发起了一个叫"春蕾计划"的活动，就是关爱失学女童。这一关爱就是多少年？大家都知道，中国政府在1998年对直销一刀切，很快又恢复了一些，这些企业都有一个共同的特点：一进入中国便用公益模式和中国政府打交道。这是因为，公益模式能帮助企业处理好和政府的关系，所以特易购坚持了17年，如果它是做奉献的，能奉献17年吗？不能！所以企业做公益就是奉献的观点是错的，这不是奉献，把它写下来就是企业的商业大道——道及规律，企业发展的规律。

误区二：企业弱小就不能做公益。

　　企业也许会认为，自身大小与公益有关，其实做公益无关企业的大小。也许这样不好理解，我们不妨从自身来看：做公益困难吗？并不难，学校里的爱心捐款活动，社会上的爱心捐款箱，这些对于普通人来说，这类捐款也许只是一顿饭的钱。甚至简单到在公交车上让座，去看望敬老院的老人，都是公益活动。公益活动从来无关乎我们拥有多少，只在乎我们在他人需要帮助的时候能否献出一份爱心。现在比较流行的以物换物行为，比如捐赠图书、闲置衣物等，能够给予他人方便，也是一种公益。

　　企业越小越需要做公益，因为企业的发展离不开外界力量的帮助，最大的力量就是群众的力量。企业完全可以通过公益活动，帮助消费者树立消费观念，依靠群众打造自己的品牌，帮助自己发展。

　　我有一段时间住在清晨小区，边上有一条美容美发街，这条街上开开关关的店铺不知道有多少。但其中有一家很有特色，不仅生意红火，而且分店越开越多，后来成了知名品牌。他是怎么做的呢？他只用了一招——简单的公益促销。天气晴朗的时候，他将买来的按摩椅放在小区里面，小区的老人享受免费的按摩。同时贴出一个通知，10岁以下的小孩和70岁以上的老人理发免费，腿脚不便的提供上门服务。他店里空间大，将一块地方划出来作为摄影棚，60岁以上的老人，每逢生日到5和10的整数倍的纪念日，都可以免费到店里烫头和拍婚纱照。

就是这样一个小小的公益行为，抓住了周边消费者的心，老人和小孩的免费活动，真正目的是为了让中间的消费主力相信自己，于是很多人就在他家办卡。理发美容店就是靠办卡来赚钱，回笼资金。他的办卡速度很快，迅速在附近小区开了第二家，同样的公益模式让他在方圆几里的小区都开了分店，就这样他成为了本地区美容美发的第一品牌。

从中我们可以看到，公益创业并不需要企业要有多大，只需要有心，发挥自己的优势即可。其实做好一件小事不仅可以帮助到他人，同时也能促进自身的发展。

误区三：企业解决就业和纳税就是做公益。

其实这点之前我已有讲到，解决就业和纳税是企业应尽的责任和义务，是对企业最基本的要求，不是公益。责任和义务具有强制性，公益活动则是由企业家自发的想回报社会而进行的活动。现在的企业生存越来越不易，面对企业内部和外部的各种挑战和压力，企业在处理问题的时候并不能很好地兼顾，而能否解决好内外部的复杂关系，是企业能否继续发展的一大因素。有些企业不能处理好内外矛盾，陷入了舆论之中，不得不面对社会大众的质疑，为什么呢？

我研究发现，企业与普通百姓对社会责任的理解有偏差，普通老百姓关心的一定是与自身利益相关的事物，因此对企业的关心在于员工权益和消费者保护权益，那么企业的纳税、产品质量等也就成为大众最关心的。一些媒体表彰年度纳税企业，一方面会让大众相信这是一家好企业，另一方面也导致一些企业的理解产生偏差，认为纳税就是公益活动。一些企业对于自己到底做了多少公益并不了解，也不是太关心，只关心自己有多少社会影响力，这使得一些企业做公益活动时被质疑作秀，是在欺骗消费者，企业为避免这种情况，就会减少公益。

误区四：企业做好事就要不留名。

中国传统文化中"做好事不留名"的道德观念，深深地烙在人们的思想中，日常生活中也会不自觉地反映出来。其实它们并没有什么必然的联系，做好事留不留名只是个人的处世态度。现代社会中，这种做法大家并不提倡，因为受帮助者寻找好心人，花费的时间和精力远远超过做好事的成本，反而得不偿失。中央台每年都会表彰感动中国十大人物，不正是最好的例子吗？为什么要表彰？因为他们值得获得人民的尊敬，他们能够鼓励社会出现越来越多做好事的人。

同理，企业做"好事"，即参与社会中各种公益事业，例如体育、文化、教育、艺术等。企业是社会的一部分，企业帮助政府分担经济、人力上的困难，例如杭州湾跨海大桥就是企业和政府共同出资建造的，这样有助于社会进步，那么让大众知道企业的名字有何不可呢？但是我们同时要警醒，一些企业借机大肆宣扬自己的公益行为，其实并非真想做公益，只是为了企业的私利。

我记得曾经有一部电影，讲到达摩祖师从印度来到中国的时候，中国人口口相传达摩祖师是得道的高僧。于是，中国的皇帝就把达摩祖师请到皇宫里交流。某一天，皇帝和达摩祖师盘腿对坐，皇帝问达摩祖师："我这么多年来潜心修佛，盖了很多寺庙，我也供奉了很多出家人，想请问达摩祖师我是不是很有慧根，很有佛缘。"达摩祖师看着皇帝轻轻摇头说："陛下您毫无慧根，毫无佛缘。"皇帝这下可急了说道："我做了那么多善事，怎么会没有慧根，没有佛缘呢?！"皇帝和达摩祖师说了一堆他做的和佛法有关的事情。可是达摩祖师还是说他毫无慧根，毫无佛缘。皇帝生气了，说这是哪来的野和尚，把他赶了出去。

临走前，达摩祖师对皇帝说："陛下在今天没有张嘴问我之前，是有慧根，是有佛缘的。但是您今天一张嘴一问我，您的发心就已经转变了。您做这些事情如果是为了给自己树碑立传，那么您做这件事的发心就不正，后人会评判您的。"皇帝听完半懂不懂，达摩祖师也就走了。

那么这是什么意思呢？就是人做任何事情要由第三方来评价，自己对自己的评价都是带有不纯粹的发心。

我认识一位上海的企业家创业导师，从事面膜销售。当时我的助理慧慧年纪轻轻却不幸得了白血病。这位上海企业家为了帮助慧慧治病，就将她的故事和照片直接放到了网上。通过一个众筹平台，以帮助慧慧筹措治疗费用的名义，促进她自己的面膜销售，将面膜的价格由原来的每盒298元涨到每盒400多元。活动启动后，获得了很多人的认可，开展得如火如荼。这位企业家打电话收集慧慧的身份证复印件和病历复印件，不想却遭到慧慧的强烈反对，要求他立即停止。原来这位企业家并没有在事前经过慧慧的许可，擅自将她的私人信息公布到网上。企业家信誓旦旦向慧慧保证，面膜销售的营业额他只收回成本，剩余利润都作为她的治疗费用。可是他忽略了慧慧的心理感受，他一开始做这件事就是为了提高销量。这个故事给企业家们敲响了警钟，"做好事留名"也是有底线的，做公益一定要发自内心，而不能曲解了公益的本意。

误区五：做公益就是作秀。

这一点其实与上一点有着相同之处，企业家之所以"做好事不留名"，就是怕公众对其产生质疑，将其行为定义为作秀，而这种"作秀"形象，将对企业的声誉和形象造成不利影响。在现代社会，当你的行为对公众有益，对社会有利时，都是公益。但是当公众将企业家的行为认定为作秀时，会大大打击企业家们做公益的积极性，这对于社会发展来说也是不利的，既然"好人有好报"，那么企业家和企业得到表扬不是理所应当吗？企业进行适当宣传，也是为了让更多的人加入到公益中来，这怎么能被称为作秀呢？

一说到作秀大家会想到谁？陈光标。我和陈光标认识至今快十一个年头了，之前我经常做一些公益慈善活动，陈光标基本上都是捐赠嘉宾，可以说我们私交非常好。有一年我和先生回老家南京过年，陈光标知道我回来就打电话给我，让我去他公司坐坐，他的公司就是黄埔再生资源有限公司。去了之后我发现地址不对劲，因为门口挂着"江苏省南京市防震防灾演习"的牌子，我打电话给他，他说就是从这里进来。后来我才知道这栋六层的楼就是他的公司，是江苏省南京市政府奖励表彰抗震英雄送的，他挂了两块牌子。他公司二层都是红本本，有两万多本，都是发证机构对他的认可，红本本背后的价值不可估量。三层、四层全是铜牌，各种各样的荣誉，各种各样的"先进单位""实训基地""就业基地"……都是各个政府机关单位发给他的。五楼上去之后吓一跳，是两个大大的玻璃柜，陈光标和我说，这是镇宅之宝。我原以为是什么钻石之类的，后来仔细一看，发现都是荣誉集体和荣誉个人证书，是中华人民共和国颁发给他的。中国共产党在抗美援朝之后汶川地震之前，再也没有颁发过，这是陈光标参与汶川救灾获得的，是国家最高的荣誉。

汶川地震之后，陈光标成了红人，他在地震后不到24小时就亲自去了现场，还带了60多辆推土机，以及6个策划员。他当时的照片都是策划员精心拍摄的，而且都做过特殊处理，因为那时候照片里不能出现伤亡人员的脸，要尊重他们。在那之后全世界一检索汶川地震，搜到的都是陈光标。

过了几天温总理去了，后来胡主席去了，都对陈光标表示了感谢。陈光标是做什么的？拆房子盖房子，废物回收。汶川地震之后废物多不多？要不要灾后重建？要不要盖房子？同样是招标，是陈光标赢的机会大，还是你？这是作秀吗？这一切陈光标都冒着生命危险，你说他是作秀，那么你怎么不在地震24小时内，冒着还有余震的危险冲到第一前线呢？他这是用生命在救人，他通过策划团队的报道，让更多的人知道汶川地震，让更多的人参与到救援中来。

你还认为陈光标是在作秀吗？从他的实例我们可以看出，陈光标做这些事只是想扩大影响力，让其他人可以和他一样有着一颗"善心"，而他将自己打造成个人品牌，是希望通过媒体来扩大公益慈善的影响和力量。我们要知道，"作秀"的本质是有着功利目的的公益，这种公益就如上个案例中我认识的那位上海企业家，为了自己的私利而侵犯他人隐私。因此企业在进行公益活动时需要谨慎选择公益项目，在发展公益项目的同时一定要注意目的是为了帮助他人，一定要实实在在地行公益。

误区六：做公益会增加成本。

一些企业不愿意做公益，还有一个原因，就是认为会增加成本，他们认为的成本是什么呢？时间，资金，人力，也就是企业经营成本。我们细细想一想，真的是增加成本而已吗？

这让我想起一个北京的朋友，他是做图书出版的，几年前被买断下岗了，40多岁找工作不好找，创业也不会，就过来找我。他说："Apple，咱们是多年的朋友，我现在就是想干点事，我不想去打工。"我说："你干什么呢？"他回答不知道。我问他："你有什么呢？"他说除了书什么都没有了，只有书。我说我替你想想，最后想来想去想到了一个点子。我说你可以做一件事，现在很多企业家都愿意在外面学习，可是员工又不能出来学习，企业又要发展，员工素质也要上去，我说有没有可能帮助这些企业建立一个员工读书学习的环境，帮企业建一个图书角。这个图书角，放上几本书，每隔一段时间换一批书，企业之间书籍可以轮换，提高书籍的利用率。还可以帮助这些企业定期搞一次读书会，培养员工自主学习的习惯，建立员工学习的奖励机制，塑造企业员工的学习氛围。他说这个好，他在学校的时候就是管图书馆的，他也会带着孩子看书。我说那你就做呗。

　　结果出乎我的意料，他做了个大项目。当时适逢2014年，李克强总理提出"全民读书"的政策支持，我帮他以"积极响应北京市全民读书计划活动暨李克强总理十二届全国人大第二次会议的讲话精神"为主题提出提案，提案得到北京教委和宣传部的支持，在北京酒店、茶楼、咖啡厅等商务场所免费建20个图书角。他们给企业做的图书角，每三个月换500本书，而且每个月去做读书会，读书会得到该店铺老板的支持，邀请30位左右企业高管参加，一方面推销图书，另一方面趁机向企业高管们推荐"企业图书角"，一年的费用成本，租书一年只需要两万块，营业额高达400万。他后来将每次"读书会"成交额的10%反馈给场地老板，老板又将部分奖励给员工。

　　企业参与公益是承担社会责任，虽然增加了自己的运营成本，但是促进了社会的发展，也为自己赢得了良好的声誉和企业形象，增加了企业的无形资本。之后将公益与营销结合起来，不管是做公益还是企业自身都能收到事半功倍的效果。我这个朋友到后来顺利开展各种活动，不正是之前打下的基础吗？他不单没有增加成本，反而降低了成本。

　　所以企业参与公益，并没有我们所认为的这些误区，公益活动展现的是企业形象，是推广产品的途径，是与消费者拉近距离的渠道，能够促进社会的发展，我们应该如何利用好这个渠道。这就需要企业不断学习，准确判断，将自己准确定位，从而真正赢得市场，扩大自身的市场占有率。

确立公益品牌的战略

　　品牌是什么？营销学对于品牌的定义是指消费者对产品及产品系列的认知程度，是人们对一个企业及其产品、售后服务、文化价值的一种评价和认知，是一种信任。企业表现在外的就是商标，商标是用于区分其他企业的标志。公益品牌是什么？是大家对于一个企业的公益形象的认识。企业家在企业成立的时候，就会打造属于自己的品牌，因为品牌是企业重要的文化形象。一个品牌越是为大众熟知，不管是产品还是公司活动，人们的接受度越高，对于企业来说，市场也就越大。公益品牌也是需要企业精心打磨的，因为公益不是一个企业偶然心动的善行，而是一个企业发展的战略设计，企业在发展战略里要深入考虑这件事。真正的公益事业是贯穿于企业始终的，一时的公益是企业的作秀，是企业为了宣传自己而做的。

　　为什么要建立公益品牌？国务院于2016年印发了《关于发挥品牌引领作用推动供需结构升级的意见》（以下简称《意见》）。《意见》强调，发挥品牌引领作用，推动共需结构升级，有利于激发企业创新创业的活力，促进生产要素合理配置，增加有效供给，提高供给体系的质量和效率；有利于引领消费，创造新需求，树立自主品牌消费信心，满足人们更高层的物质文化需求；有利于促进企业诚实守信，增强企业社会责任，实现更加和谐、更加公平、更加持续的发展（摘自质检总局文件）。企业不论做公益创业还是公益事业，最希望的是大家记住自己，因为企业做公益是为了让更多的人参与到公益活动中来。一个优秀的公益品牌，能够给社会留下一个良好的形象，一个优秀品牌的作用是无限的，一个优秀的公益品牌，能够帮助企业更好地传播公益。

　　从宝洁公司的网站上我们能找到宝洁的公益品牌形象，宝洁将自己的所有品牌都打造成品牌公益。玉兰油自2007年开始，通过与中国宋庆龄基金会合作，成立了中国宋庆龄基金会OLAY创新与梦想基金，致力于帮助有梦想、有创新精神的女大学生不断突破自我，追逐梦想。目前，基金已经与10所高校建立合作关系，每年以奖学金的形式帮助150名获奖的女大学生，并通过人生导师计划、创新夏令营等方式，帮助她们不断成长，走向社会。佳洁士品牌携手卫生部国际交流与合作中心及国内多家顶级口腔医院，于2003年起在京、穗、沪、宁、蓉等多个城市举办"爱牙车"活动。目前"佳洁士爱牙车"已走过18个省市，行程超过50万公里，为逾200万民众进行了免费口腔检查及口腔卫生健康教育，影响人数接近2000万人次。同时，佳洁士通过校园计划，10余年来向中国600多个城市的1.5亿中国孩子传播了保护牙齿健康的知识。宝洁公司的做法是为了帮助更多的人能够获得帮助，借助自己原有品牌的影响力将公益影响力发挥到最大。（摘自宝洁官网）

从宝洁公司的做法中，我们可以看到公益品牌的力量。确立公益品牌，其意义不仅在于能更好地树立起企业形象，帮助企业更好地开展公益活动，而且能够帮助企业更好地可持续发展。公益唤醒企业一颗慈善的心，企业承担社会责任，是可以帮助企业可持续发展的。公益品牌建立后，企业就可以通过公益品牌帮助宣传自己。品牌是企业的无形资产，公益品牌的影响力可以帮助企业不断地获利。

建立公益品牌，第一个作用是能增强产品和企业的竞争力，企业竞争力的大小是企业活力的体现，竞争力越强的企业越能更快地占领市场，加强市场生存优势；第二个作用是能提高企业的知名度；第三个作用是能帮助企业增加客户忠诚度，客户认准企业的公益行为和公益品牌后，将给企业带来稳定的客户源。

建立公益品牌是有方法的。

　　首先要找到适合自己企业的公益项目。找到自己公益品牌的定位，须做好品牌定位影响因素分析，从社会环境、顾客需求、市场环境、对手定位和自身产品五大因素入手，只有经过深入分析和调查，才能获得贴合实际的效果，顾客对于企业来最为重要，只有顾客满意，企业才能发展，作分析的时候要充分考虑到顾客的需求，品牌定位能抓住消费者的痛点和需求，才是成功的品牌定位。竞争对手也非常重要，当自己的产品与对手有相似之处时，品牌定位一定要做好差异化，能够给消费者直观的差别，因此必须做好市场调查和市场细分。

　　第二步要做好公益品牌定位。本质上讲，公益产品与一般产品的定位没有什么大的差别，除了与一般产品一样要从消费者的角度出发，还要考虑到公益产品的品牌是为了更好地宣传公益。想让更多的消费者通过消费帮助社会上那些需要帮助的人，就要在考虑消费者的基础上，兼顾公益本身，要符合企业想做的公益类型。品牌定位不仅为销售而定制，更要为公益服务。

　　2006年，失业后的李向梅偶遇一名在乡镇任职的同学，听说她的情况后，同学就鼓励她去投资大棚农业。她考虑了一段时间后，就把家里的一套房子给卖了，又说服堂哥和同学入股，总算凑齐了创业资金。早春红玉、黑美人……李向梅打出的一个个西瓜品牌，很多人都耳熟能详。这些西瓜个小、皮薄、水分多，吃起来很甜，非常受欢迎。但是要想形成规模，单打独斗肯定不行。2008年，李向梅牵头成立了西瓜种植农民专业合作社，专业从事西瓜种植、销售、相关技术培训和信息咨询服务，也带动了当地更多农民加入到科学种植西瓜的行业中来。合作社也在不断壮大，已有200多人加入。到2015年，合作社已形成"市场——合作社——公司——基地——社员"一条龙的经营模式，带动了当地的劳动力就业，也带动了更多农户发家致富。

第三步是要树立自己的公益品牌形象，这样大家才会认识和知道。上文中李向梅就是通过合作社这个方式打开了市场。当然还可以通过广告展示、人员推广等多种方式来将自己的品牌定位展现给消费者，让消费者理解企业的公益理念和形象，从而帮助企业快速树立起自己的公益品牌。打造公益品牌最重要的就是宣传，只有越多的人知道，才有越多的人帮助需要帮助的群体。品牌展示就是为了提高品牌的知名度，最好的途径就是视觉效果。相比文字的效果，新闻媒体和广告的效果更加有用，更能够吸引顾客的眼球。

我原来是不使用玫琳凯唇膏的，有一次玫琳凯的美容顾问找到我，说赵老师，您是公益人士，您也是懂得公益的，您今天的消费将会帮助兔唇女童。我一听是公益事业，就购买了唇膏，一用就是好几年。后来我特地去了解了整件事情。玫琳凯的中国总部在上海，在宋庆龄基金会下面成立了一个叫"玫琳凯兔唇女童修复基金"，专门帮助兔唇女童。开户资金一百万，扣除管理费，只剩下90几万，这点钱帮不了多少女童，完全不够。于是玫琳凯公司通过各种途径"化缘"，让这个公募基金的钱越来越多。它有一支唇膏，一直卖得不好，专项基金成立以后，这支唇膏卖200元，每卖一支，捐5块钱给这个专项基金。原来的经销商都不喜欢这个唇膏，因为护肤品卖习惯了，后来公司举办"谁是乐施小姐"的活动，你卖出的唇膏的数量，意味着你帮助了多少兔唇女童。全国的经销商和美容顾问，大家争着比着抢着拼命卖唇膏，觉得这不是在卖唇膏，而是在帮助兔唇女童。这个唇膏现在卖到了全球第一。

玫琳凯还在机场打广告，机场的硬广告都很贵，可是公募基金会打广告的广告费几乎可以忽略不计。在北京机场能看到一个化妆广告，放了一个小女孩，小眼睛萌萌的，可怜兮兮的，玫琳凯很尊重小女孩，打了一个马赛克，广告上面写着"微笑不再是奢望，遗憾为他补上"。同时宋庆龄基金会玫琳凯兔唇女童修复基金在中央台打公益广告，旁边有一个账号。公益面对不定向人群可以募款，很多人就捐款了。所以，玫琳凯实际上是以100万作为引导，以卖唇膏的5块钱为引子，然后让经销商、消费者、美容顾问捐钱，社会不定项人员捐款。几年下来玫琳凯兔唇女童修复专项基金每年募款基金大概能达到3000万。

第四步是要做好公益品牌的形象维护。企业在长期发展的过程中要明白，企业不能做出损人利己之事。同时，企业公益品牌的形象需要在消费者心中不断地加深印象。当人们像习惯一样提起它时，这个品牌形象才算是真正成功了，才不会在市场的竞争中消失，被人们忽视。不能调动消费者公益行动，仅仅让消费者知道这个品牌，算不上真正的成功。

第五步，也是最重要的一步就是公益品牌的战略。目前企业多数采取三大战略：第一，差异化战略，包括产品品质、产品的创新、产品特性等差异化，建立企业独特性；第二，成本领先战略，包括改进产品设计，引入自动化以降低成本；第三，集中策略，包括市场集中，将企业的资源集中在某一市场，针对特定人群开展公益活动。

对接公益模式的市场

公益是一个巨大的、未被挖掘的市场，它同时产生经济效益和社会效益，并且迅速提升企业知名度和美誉度。对接公益市场，实现企业模式再造，实现创业的成功。

公益创业在国内是刚刚起步的新兴创业模式，市场空缺的同时，中国企业又面临着改革。对于这样一个现状，转变企业现有模式，对接公益市场，正是绝好的时机。对接公益市场，首先能帮助企业成功存活和发展，同时能够帮助社会，这么好的事情为什么不做呢？

企业发展困难，市场打不开，因为企业名声不够大，形象不够突出，公益市场的极大需求正好满足企业发展之需。我认识刘一手火锅的创始人刘松，他自己就是残疾人，没有胳膊，做了500多家刘一手火锅店，一年能做30多亿，在中国火锅餐饮业排行第六。有钱了他喜欢做慈善，到处给残疾人捐钱，我提醒他这样捐钱会出问题的，他一开始没有听，后来果然出问题了，怎么了呢？原来是有受助的残疾人直接给他打电话！有时候他忙，没有及时转账，那人就打电话："刘总，这个月的生活费还没有到账呢。"本来是好心做慈善，结果变成这个样子，你说能不生气吗？接着我就被刘松叫去了重庆，帮他解决这个问题，他和我说："我是残疾人创业，得到了社会很多帮助，现在自己有能力了，我也想帮助更多的残疾人过上有尊严的生活。"我非常感动，很愿意帮他这个忙，我们就一起打造了一个新品牌，叫"刘一手心火锅"。

刘一手心火锅的使命就是帮助残疾人过上有尊严的生活。我们设计了两个版本，一是无声版火锅，工作人员都是大学生和聋哑人；另一个是童话版火锅，工作人员都是大学生和袖珍小人，中国有800多万的小袖珍人。这个火锅店就在北京亚运村，大家可以去体验一次。新的母店在重庆，得到了重庆市妇联和重庆市残联的帮助，它们在重庆市青年文化宫给了我们场地，免三年租金，后来又陆陆续续在全国开了20多家刘一手心火锅。也许你们好奇，哪里来的资金能够开这么多家？这是公益模式带来的好处，我们通过众筹实现的。以北京这家为例，先找到政府帮忙获得场地，刘松对四十几个企业家进行众筹，一家店释放40%的股权，5万元一股，一个企业家最多购买3股，不做股东的时候可以撤走5万元本金，还有分红、公益大使证书。大学生和残疾人不仅可以得到一份工作，而且能获得10%的股份，这样就能给予残疾人一个就业和创业的环境。这种条件下，火锅店很容易众筹，又能得到政府的支持，且是助残项目能够免税。通过这种方式，刘松的刘一手心火锅成功地树立起自己的形象。

同时通过众筹的方式，我们更是搭建了一个平台，这已经远远超过了火锅本身。企业拥有了良好的品牌知名度，通过公益，打开了刘一手心火锅的新市场，帮助残疾人过上有尊严的生活，这样的理念吸引到了一大批忠诚的客户，大大增加了客户的忠诚度。

公益市场的对接能帮助企业吸引、保留高素质的员工。现在的企业有一个现实问题就是员工跳槽频频，一方面是企业自身不能满足员工的发展，另一方面是员工对企业缺少归属感。一个没有好员工的企业，又怎么去开拓市场呢？公益市场的对接，能让员工在工作中体会到自身价值的实现，吸引优秀员工的加入。小唐姐姐是我招进来的，是一位原来已经退休了的老员工。她一开始有顾虑，觉得自己不是企业家，没有资金，也没有团队，怎么还能进来。我们和她说，你原来还不叫小唐姐姐，是我们给了你这个称呼，一个美丽的名字便是一个有能量的称呼，大家叫你小唐姐姐，是希望你越来越年轻越来越美丽，当然我们相信你的能力。小唐姐姐后来成了我们团队中的一名导师，依旧在这个舞台上绽放自己的光芒。我们从来不相信年龄，我们看中的是能力，有好多像小唐姐姐这样的人，我们愿意和他们一起发展我们的事业。创业不论早晚，只论时机，能否对接公益市场在于员工的忠心，否则做事会事倍功半。一个心存善意之人一定能够健康漂亮。

除了留住老员工之外，还需要吸引人才。对于企业来说，高素质人才是不可或缺的，可是现在大学生也好，高素质人才也罢，能够选择的出路有很多，例如大学生可以选择留校，因为学校给他们感情和想要教书育人的理想。大学生还可以选择考公务员，考研继续深造，甚至选择出国。中国还面临一个问题，就是人才流失严重。很多高学历人员选择出国发展，或者在国外学习后选择留在国外，因为在国内他们看不到自己的未来，而国外可以给予他们优越的条件和前景良好的工作。国内需要改变这种工作环境，吸引更多的人才回国，让愿意出国深造的人才能意愿回国，为中国的发展贡献力量。还有的人才选择事业编制，因为稳定。"稳定"二字，使得多少青年人前赴后继，即使能力出众，也会妥协于现实。还有一些优秀人才会被一些大企业抢走，一些中小企业根本等不到这些人才。面对中国人才的诸多现状，企业对接公益市场，开拓新业务，通过公益业务，尤其是新的公益创业，能极大地吸引优秀人才的流入，因为他们有远大的抱负，想要实现自己的人生价值，公益市场正好能满足他们的需求，对于企业来说，能够吸引高素质人才，是企业发展的最好途径。企业吸引到人才后，通过构建人才储备银行，可以不断优化人才结构，尤其是企业内部的人才结构，以及人才市场的人才结构，使企业发展不断优化。

目前国内做得好的是马云，他做大事前喜欢统一思想，1.6亿建学校够不够？肯定不够。于是他把这笔钱投给6所学校，发动他们改教材，还和校长说我们要建设双师型队伍，学校老师和阿里巴巴高层一起给学生上课。还给学生提供实习，从大一教材里就有阿里巴巴，老师又是阿里巴巴的高管，实习又是到阿里巴巴去，所以这些学校的学生毕业后的梦想就是去阿里巴巴就业，为钱来必然为钱离开，为梦想而来必然为梦想而奋斗。这6所学校毕业的学生每年有两万多，这些大学生大一大二就会去阿里巴巴实习，阿里最后只选择两千多，这些被选上的孩子会不为此骄傲？马云不缺人，因为这个人才银行体系能为他提供源源不断的人才。虽然现在一些企业没有像马云一样强大的经济实力，但是我们能从这件事学到、意识到人才银行的重要性，人才结构优化的必要性。

企业运营的矛盾在于成本和利润，企业想要增加利润就需要不断地降低能耗，节约运管成本。公益市场空缺，政府和社会又鼓励企业、个人进入公益这个行业，公益创业就能帮助企业降低成本，为什么？企业开拓新的市场怎么能够节约成本，不是需要更大的投入吗？这听上去就是一个笑话。真的是这样吗？不是的，我可以明确告诉大家，公益市场的对接，真的能缩减运营成本。首先公益市场空缺，需求量大，帮助社会弱势群体，体现了企业的公益之心，因此企业做公益很容易在公益市场打开销路，成本相对于商品就会少很多，这是其一；其二，公益创业得到社会和政府的支持，企业参与公益创业就能够通过政府支持获得资金，帮助企业开发新市场，这相对于独自奋斗要更加省力。在整个社会都支持的情况下，新市场不就可以很快打开吗？接着，市场中的客户成了企业的客户，他们不也就成了其他产品的客户吗？因为当客户对一家企业产生好感的时候，就会赈买这家企业的其他产品，以此支持自己喜欢的企业，如此宣传的成本对于企业来说也就减少了，一份宣传起到了双倍的作用，对于企业来说这是降低运营成本的最好方式之一。

接下来，对接公益市场帮助企业增加销售额，扩大市场份额也就顺理成章了。对接公益市场难吗？对于企业来说应该很简单，因为企业有自己的资源，又有一定的资金实力，找到与企业业务相关的公益事业，并且以此作为基点，打开公益市场，这样企业原来的客户会支持自己喜欢的企业的公益事业，而那些愿意支持公益事业的消费者，又会因为企业的公益事业喜欢上这个企业，成为它的忠实客户，那么企业的市场份额就会在不知不觉中变大，同时能够提高销售额。对于企业来说，这可以算得上是企业二次创业的成功。

一家企业愿意做公益创业和公益事业，会得到社会的支持，社会的支持就是资源的体现。社会中的其他企业，消费者也都愿意帮助它们完成公益事业，这家企业就能获得其他企业资源的支持，不管是继续发展对接公益市场，还是发展自己原来的事业，对于这家企业来说都是一举两得的事情。社会和媒体会报道企业的公益事业，相当于在为企业做宣传，人们对企业的善行口耳相传，可以为企业增加忠实的消费者；政府通过政策和资金的帮助，可以为企业继续发展公益事业添砖加瓦。社会很现实，很少有愿意雪中送炭，更多的愿意锦上添花。企业遇到发展困难的时候，他人会冷眼旁观，只有你发展了，才会有资源不断地找上门来，想要跟你合作。公益事业则不然，它总能获得足够多的支持，不管是为了社会的发展，还是企业的生存，公益事业都是解决问题的一剂良方。

或许很多企业已经意识到公益的优势，现在我们再来看公益市场到底有多大。国内的公益市场现在就像是一个刚学步的婴儿，还在不断地成长中。至于其他产业或可开发项目，几乎都处于一个饱和状态，就像是一个青壮年一样，已经不会再长大长高了。公益市场截然不同，没有人知道将来这个市场会有多大，现在的公益市场还在不断地成长，企业愿意对接公益市场实现企业的模式再造、公益模式的再生，不仅帮助这个市场得以发展，也能帮助企业自己走向成功。公益创业的前景是那么光明，我多么愿意与大家一起在公益市场中不断挖掘，发现它的新魅力啊！

设计公益营销的通路

　　与其他各种营销方式都有所不同的是，公益营销把企业的经济目标和社会目标紧密地结合到了一起，并且形成长期的战略性融合。对于公益创业项目来说，这更可以说是先天的基因。公益创业项目通过有效的公益营销，把公益目标传播扩散到整个社会；在得到社会对公益目标支持的同时，也得到了社会对创业项目经济目标的支持。不仅如此，公益营销还使项目形成长期的战略并从中获益，从而得到社会、政府、公益长期有效的支持。同时，公益创业项目通过公益营销，让各种类型的消费者更加关注项目品牌，实现项目企业美誉度、稳定客户忠诚度的提升。有效的公益营销，将使公益创业项目所倡导的精神理念在市场上得到充分的认同和实现。

　　在确立了公益品牌战略、设计好公益发展模式之后，公益创业项目就将面对公益目标市场。按照可行的公益商业模式，形成公益营销的思路，具体化为公益市场营销的通路、方案，就成为公益创业项目的重点工作。依照我的观察，很多创业者可能想得很多，但是在方案的选择和把握上欠缺决断的能力。这种能力的缺失并不是个别的，而是普遍的。我觉得这并不一定是坏事。想得很多，说明创业者确实进行了有效的思考，尤其是对于大学生创业者来说，有效的思考本身就是他们的长处，创新、创意都由此而生。选择和把握，这是一个经验的问题。大学生创业者大多是初次创业，他们的经验不必来自亲身的经历，也可以是我们创业教育培训过程中有意识地选择、传播、提炼、升华的信息。所以，我要把我在公益市场营销的目标、思路、定位、方案方面的经验整理出来，传播给公益创业者。

公益营销的目标

公益营销不是企业的心血来潮，它是企业战略、精神、文化和目标市场的结合。我们在这里所指的公益营销的目标，也不再是虚幻和形而上的，它是企业所追求的理念在市场营销上的体现和具体化。公益营销需要在市场的层面上达成以下目标。

1. 树立企业的良好形象

企业的市场形象是通过企业社会责任感的实现完成的。企业通过公益营销的方案设计和市场行为，参与社会公益活动，表明企业的理念和追求，赢得消费者市场的认同，这对于提升企业美誉度、树立良好的企业形象、形成消费者的口碑、增强企业长期竞争力，是非常有帮助的。因此，我们设计公益营销的方案、市场通路，也就要在这样的目标指引之下来完成。脱离了这样的目标，企业的公益营销行为对企业公益战略就缺少有效的支持，就会游离于企业主要目标之外，因此事倍功半。

根据市场调查研究，超过97%的消费者认为，企业参与的公益行为表现了企业的爱心和社会责任感；有87.6%的消费者表示，企业参与的公益行动会增加他们对企业的好感；有超过70%的消费者表示，在购买同类产品时，会优先考虑那些热心参与社会公益的企业的产品。这项统计表明，通过公益营销树立企业良好的市场形象，对于企业未来的发展是非常有帮助的。它既体现在即时的市场占有率的提升、消费者选择倾向性的变化和市场规模的扩大方面，也会体现在一个企业在市场上地位的长期积累方面。

案例：心怀家国梦，创业任我行

"创业如果只是为了赚钱，我觉得成就感不高。我希望企业能够代表一个区域甚至一个国家，在你所在的领域打响品牌度，最终走向世界，传播我们所提倡的价值观。"陈第说出这句话时，刚满30岁。2015年11月10日，他创办的公司——有米科技股份有限公司登陆新三板挂牌交易，这位年轻的创业者所持股票市值近7亿元。同样，创业团队中不少员工的身家也跟着水涨船高，一跃成为千万或亿万富翁。从华南理工大学毕业至今的6年里，通过创业取得如此成就，作为有米CEO的陈第也"万万没想到"。

有米公司成立于移动互联网发展的元年——2010年，是国内第一家移动应用广告平台。当年，华南理工大学计算机系的陈第，在距离大学毕业典礼还有两三个月的时候，和同学李展铿、叶文胜等一起，在宿舍里开启了创业之路。"产品的生命周期是有限的，短的是1年、2年，过了这个期限就会落伍。"陈第说，互联网及移动互联网的发展速度太快，以移动互联网为基础发展的有米公司自然会受到较大影响。为了能在移动互联网的市场中存活，他们不断地创造新的广告产品、新的广告形式。

2013年，随着互联网的普及，网络游戏迎来大热。对于有米公司来说，是机遇也是挑战。结合网络游戏玩家越来越多的趋势，有米首创"移动广告+游戏联运"的新模式，成立"偶玩游戏"及"闪电鱼游戏"，它们分别切入重度手游联运及休闲游戏代理联运市场，依托广告平台的渠道资源推广游戏以分成的模式合作。"以前的广告都是以'广告条'的形式出现在屏幕上，又或是在网页中弹出广告，而现在我们更多的是从内容出发，将广告融进内容中，采用'激励性'等用户可以接受的方式进行。"陈第介绍道。经过6年的沉淀，如今的有米公司在全球的移动互联网广告营销平台中占有重要地位。"我们的核心就在于产品创新能力，不断根据市场的变化调整更新自己的模式。"目前，该公司开始全球化布局。

有米公司的成就也让陈第声名大噪。这名出生于1986年的CEO，先后两次上榜福布斯。团队其他成员也大多是85后，这些年轻的血液为有米注入了新鲜的活力。其实，如今高歌猛进的有米，一开始并非顺风顺水。刚成立时，团队里是清一色的大学生。陈第先是和同伴一起注册了广州优蜜信息科技有限公司，以帮助商家在应用中嵌入广告来赢利。基于大学经验的积累，技术并没有难倒这群年轻人。但商业是残酷的，资金不足成为他们最大的难题。那时，十几个人挤在狭小的工作室里，除了热情，面对的更多是"热浪"——因为工作室一度入不敷出，为了控制预算，在炎热的夏季空调都不能开。由于每人每月的收入只有几百元，而资本市场的运作又需要大量资金投入，公司成员们只能一边敲着键盘外包开发软件赚取资金，一边又为有米的未来考虑。直到拿到第一笔天使投资资金，他们的生活、公司的未来，才渐渐有了起色。

"新三板挂牌上市是一个新的起点，是公司发展的一个里程碑。"陈第说。有米公司现已累计服务1万家以上的广告主，覆盖12亿终端用户；在app媒体方面，积累了10万个以上app资源，包括墨迹、网易新闻等app。陈第介绍："大家现在说得出口的公司，如淘宝、京东、苏宁易购、滴滴打车等都是我们的顾客。"2015年，有米收入7亿多元，其中移动营销、移动广告收入占了七成以上。此外，有米还获评"2015广东年度经济风云榜'风云企业'"。

　　回想起过去6年的艰辛，陈第却说，自己并不是一时冲动，而是经过了深思熟虑，"我作了两年的准备，看准互联网发展的潜力后才敢放手去做"。陈第认为，现在的大学生很幸运，随着国家"大众创业，万众创新"政策的支持及风投机构的期望越来越大，他们具备的机会和社会资源越来越多。结合自己的创业经历，他也给予创业者一些建议：一是要找准用户需求，产品要"接地气"，每做一个项目都要深思熟虑，调查好消费者和商家的切实需求，不能拍脑袋就做；二是要和投资者做好沟通，寻求投资者和消费者需求的平衡。

　　"最重要的是要摆正心态，不要纯粹为赚钱而创业，也要有能改变、推动社会前进的想法。"陈第说。

　　企业的形象不仅体现在外部市场上，也体现在企业的内部。创业企业正处于发展的开端，企业的团队更需要凝聚力和积极性，并因此形成员工团队的企业荣誉感。而公益营销活动可以充分调动员工的积极性，增强员工的归属意识和荣誉追求，进而形成一个企业内在的凝聚力。

　　在一个企业的内部、外部之间，消费者、员工、企业形象是互相依存、互相促进的，可以说，有什么样的消费者，有什么样的员工，最终就会有什么样的企业。这在一些大品牌的发展历程中表现得特别突出。2002年cone企业公民调查研究的结果也表明，与没有参与过公益活动的企业相比，经常参与公益活动的企业，员工忠诚度高出约25%；超过75%的员工之所以选择为目前的企业工作，部分原因在于更看重企业对各种社会公益事业的承诺；86%的消费者认为具有公益行为的企业形象更为积极和正面，90%的员工会为企业的公益行为感到自豪。这充分说明，企业参与公益活动有效地提升了员工的荣誉感，使之更忠诚于企业。

员工是企业最宝贵的财富，公益营销可以为公益创业企业和员工树立一个共同的目标：为企业发展和回报社会而努力，并因此战胜企业发展过程中面对的一切困难。

2. 赢得顾客的消费价值

根据心理学的研究，人们对他人的认知判断，首先根据整体印象，再从这个判断出发推论出认知对象的其他品质。这种现象被称为晕轮效应，也称光环效应、月晕效应，它在生活中是一个非常普遍的现象。美国著名心理学家爱德华·桑戴克提出，人们的认知和判断往往只从局部出发，扩散而得出整体印象，经常是以偏概全的。一个人如果被标明是好的，他就会被一种积极肯定的光环笼罩，并被赋予一切都好的品质；如果一个人被标明是坏的，他就会被一种消极否定的光环所笼罩，并被认为具有各种坏的品质。

这就为我们赢得顾客提供了一个思路：我们把公益当作一个切入点，持之以恒地以此弘扬我们的企业理念，就可以得到顾客对此的认可，进而形成企业全面的美誉度，赢得市场的认可和客户的忠诚。所以，我们的公益营销活动，一定要体现出顾客为中心的思路，要把顾客的价值放在首位。

案例：均等教育，传递火种

黄安新，一个来自江西的80后阳光大男孩，从云南财经大学一毕业就扎根市场自主创业。他是国家大力扶持大学生创业的早期受益者，在教育服务市场里摸爬滚打五六年，已经在行业内小有名气。

黄安新出生在一个教师家庭，大学学的是计算机科学与技术专业，却偏偏对教育最有兴趣。抓住某机构在校园招聘兼职的机会，黄安新在大二时就成为大学生拓展训练的校园代理。开朗的性格，富有号召力与感染力的授课风格让他很快成为人气教练，他积累了最初的教学经验，也在心里暗自埋下了当培训师的职业"种子"。此后，黄安新自学考取了体验式中级培训师中级职称，团体心理培训师高级职称。为他的"培训师梦"奠定了坚实的理论基础。

2011年，黄安新大学毕业，正值国家大力推行大学生创业，于是，他一个人去注册了公司，开始了自己的创业之路。"那时听说经开区的创业大厦有一系列扶持政策，我就把公司开到了经开区。"回想起公司成立之初，黄安新觉得自己是幸运的，"创业大厦给的条件非常好，50平米办公室，办公桌、电脑、饮水机都是免费配套的，网络也不用交费。"解决了基础配套的问题，黄安新轻装上阵，和同学一起开始做起企业培训，却遭受了市场的当头一棒。"很多企业做培训都会选择教育经验丰富的培训机构，尤其是给大企业做过培训的，对于我们这样的新培训机构，他们的眼光总是不信任的。"

没有经验，是很多大学生创业项目共同面临的困难，但黄安新并不气馁，而是一家一家地问企业要不要培训，挨家挨户地推广自己的培训产品。"幸运的时候，别人和我多聊两句，大多数时候是被直接拒绝。"黄安新几乎跑遍了昆明大大小小的写字楼，却收获甚微。"跑几百家才有1家做培训。"黄安新说。但只要有1家做培训，黄安新就投入100%的热情和责任心去做好它。1年多的时光，黄安新逐步摸索企业经营的方向，积累了作为教育服务提供商的初期经验。

2012年，云南财经大学要找机构合作开办雅思培训，黄安新的企业成为云南财经大学的合作伙伴，双方共同创立了云财雅思品牌。从那时起，黄安新成了一名年轻的校长，麾下有15名海归教师。通过引入现代西方的教学理念，加上强有力的师资力量支撑，黄安新的"云财雅思"迅速成为后起之秀。"我们的学生有拿雅思满分的，有被哈佛、伦敦政经、纽约大学等名校录取的"，积累了丰富的教学成果。接下来，黄安新还将把教育服务延伸到中学课程辅导。"我正在积极与母校临川一中、临川二中联系，希望接下来能通过网络教学的方式，引入国内优质中学的教育资源，为云南的学生提供更好的教育服务。"黄安新说。

在黄安新的规划里，金凯瑞教育培训学校将提供"一站式"国际教育培训，即从3岁的幼教阶段到出国前的高中阶段，都为学生提供相应的英语教学服务。作为"双创"时代的幸运儿，他希望自己能在力所能及的范围，尽可能地把优质教育资源送到最贫困、最需要的地方，"推进教育资源均等化，希望有我的一份力"。

21世纪营销的关键，是赢得顾客的消费价值。何为顾客的消费价值？一方面，顾客从我们企业这里通过交换获得了商品，商品具有的使用价值，是顾客购买的主要原因；另一方面，顾客购买一件商品要经过选择，他不是来到市场随意拿起一件他需要的商品就买下来了，这样的消费者或许有，但是很少，大概都是居家男人。顾客选择商品的依据，价格、服务、偏好等占了很大一部分，而对于品牌的认知等也起到了一定的作用。顾客的消费价值就是由这两方面内容构成的，我们公益创业项目主要从品牌认知等方面入手，为顾客提供更高的消费价值。

为什么这样说呢？21世纪的消费者，与温饱时代的消费者最大的不同，在于他们有着更高的社会理想和追求。我们的公益创业，就是为了实现这样的理想和追求而设计的，因而也能最大程度地契合消费者的心灵选择。我们不是说要消费者花更多的钱买我们的产品，卖情怀是锤子才干的事，我们不干。我们一样卖产品，但是我们的情怀是与消费者共同达成的。我们不卖情怀，我们与消费者一起来实现这个情怀。让消费者花更多的钱才能实现的价值，那只不过依然是交换；让消费者花同样的钱得到更大的满足，这才是我们公益营销的目标。就像农夫山泉曾经做过的那样：你买一瓶水，我捐一分钱，这一分钱不是我的定价高了一分钱，而是从我的利润里拿出一分钱来做这个事情。这样消费者花同样的钱买水，他会认为自己的购买行为附带达成了额外的价值目标，所以他会倾向于购买这个产品。

同样，消费者也会认为，从事公益创业项目是一个热心公益、具备社会责任感的企业所为，它必然能为消费者提供更多、更高的价值。他会很自然地认为，我们因公益创业项目而有别于其他的企业，一个有社会责任感的企业理应有比较高的经济责任感，并会体现在产品的质量、性能等方面。我们这样说，并不是在欺骗消费者，而是消费者自然而然地这样认知。同时，在消费者的驱动之下，我们也有热情、有信心去实现他们的目标：在各方面都比竞争者做得好。

3. 提高企业品牌认知度

品牌是一个企业的标识。它为消费者提供一种简易的判断方式：某个品牌的产品是性能超好的，某个品牌的产品是经久耐用、质量可靠的，某个品牌的产品售后服务是令人满意的。有了这样一个先入为主的判断，消费者在购买的时候就省去了比较的过程，只需要去判断某个品牌表达的形象和他的需求是否相符即可。因此，企业在市场上的竞争，也就是品牌的竞争，是形象的竞争。我们的公益营销，也就要最大限度地追求品牌认知提升。

就像人们经常说的那样：金奖银奖不如消费者的夸奖，金杯银杯不如消费者的口碑。那么夸奖和口碑来自何处呢？铺天盖地的广告只能增加露脸的机会，在消费者面前不过是混了一个"脸儿熟"，甚至像某些产品那样惹人厌恶；真正能够形成夸奖和口碑的，一方面来自于产品，另一方面则来自于企业的形象。

现代工商业经济的一个突出特征，是产品的高度同质化和市场的高度细分。产品的高度同质化，造成消费者很难比较产品的性能差异。比如，在中低端手机市场，谁能讲出这个品牌和那个品牌之间存在哪些较大的区别？市场的高度细分，则使得消费者的偏好得到充分的满足，企业无法以"一招鲜"吃遍天下了。在这样的形势下，企业的竞争就更多地体现为形象的竞争。公益营销能够有效地提升企业的品牌形象，提高企业品牌的知名度和美誉度，并由此提升企业的内在竞争力。

有人认为，公益行为是一项企业公关活动，通过无偿的举动建立积极正面的企业形象。这样说不能说完全是错误的，但至少是片面的。我们公益创业所倡导的，是把公益融合在整个市场行为过程中，不仅是目标和结果，也是过程。只要我们坚持公益创业、公益营销的理念，我们就能够确信，公益创业项目一定能够在市场上不断地提升企业的品牌认知度。

4. 优化企业的社会关系

就像一个人是他的社会关系的总和，企业在市场上，也是它的所有的社会关系的总和。在公益领域，我们可以把企业的社会关系简化为三个方面：公益精神的倡导，弱势群体的福利，社会各界的支持。由此，企业社会关系的优化就体现在这三个方面。

首先，公益精神的倡导。成功的公益营销会对整个社会的公益事业起到推动的作用，不断增强其他市场主体的向善意识，在和谐的环境和欣悦的氛围中激发出创新精神。在这个过程当中，我们的公益创业项目理应也能够起到一个示范的作用。我们倡导公益的理念，就要把公益的理念落实到每一个市场行为上，它既是我们的出发点和归宿，也是我们贯穿行为始终的信念和选择。我们在设计公益营销方案的同时，就要考虑它对公益精神的价值，最大限度地弘扬公益精神，同时把我们公益创业企业的理念传播出去。

其次，弱势群体的福利。我们为什么做公益？公益要体现公和益，公是对大众，益是福利的提升。在大众中，效率和公平体现在我们要把公益向弱势群体倾斜。我们要做的，是雪中送炭，而不是锦上添花。一个社会是否公平和正义，不是看那些富人怎样表现他们的锦衣玉食，而是弱势群体的温饱是否得到了有效保障，他们的权利是否得到了充分实现，他们的人格是否受到了普遍尊重。出于这样的目标，我们的公益营销设计，就必须向弱势群体倾斜，为他们谋福利，既有长远的授人以"渔"，也不能忽视眼前的授人以"鱼"。

涸辙之鲋

庄子家里贫穷，常常是吃了上顿没有下顿。

有一次，庄周家里断粮了，无奈之下，他到监河侯那里去借粮。监河侯听了，故作大方地说："好啊，没有问题！不过，得等我收了租地的租钱，才能借给你三百斤粮食，可以吗？"

庄周听了很生气，但他不愿意直接戳穿对方的谎话，就讲了一个故事。

昨天我在路上走，听见救命声。我四处张望，原来是车辙里的一条鲋鱼。鲋鱼见了我，便忙大声喊道，"老先生！"我问它："鲋鱼啊！你怎么啦？"它说："我从东海被冲到这里，您能给我一桶水，救救我吗？"我慷慨地点头答应道："好啊！我去南方劝说吴王和越王，引来西江水救你，可以吗？那里是水乡泽国，水多得不得了。"鲋鱼听了，非常生气地说："你这是什么话！我失去了正常生活的环境，我只要有一桶水就可以活命，而你却要到南方之后，放西江的水来救我。您要是这么说，到那时，你恐怕只有到干鱼店里来找我了！"

最后，社会各界的支持。企业的力量是微弱的，尤其是初创企业。要想更好地实施公益创业，实现公益目标，公益创业者必须善于利用社会各界的力量，尤其是获得政府的支持。同时，良好的公益营销方案，还可以获得政府或者机构团体的拨款与奖励，这样就能降低企业的运营成本和活动的风险。更为重要的是，得到社会各界支持的同时，企业的公益理念能得到更为充分有效的弘扬，企业的形象就能得到事半功倍的传播，企业各方面的关系也能得到不断的维护和发展。

我们在设计公益营销的道路时，要牢牢把握好以上几个目标，使之能够在企业形象、企业品牌、企业市场、企业关系等各个方面都有所收获、有所提升。这也相当于公益营销产生的业绩，我们可以据此来考核公益营销活动的效果。

公益营销的谋划

公益营销是从公众利益和情感出发的模式。在公益营销过程中，企业需要搭建的是一个能够取得消费者认同、逐渐积累社会公信的平台。所以，在公益营销过程中，我们要进行有效的谋划，处理好与以消费者为核心的市场的关系，以期取得最佳的营销效果。

在公益营销的过程中，企业重点处理的是与消费者、与公信机构、与社会舆论的关系，以及公益营销怎样定位的问题。关于定位我们放在下一节里分析，这一节主要讲如何谋划和处理各方面的关系。

1．消费者策略

广义的消费者可以划分为三个群体：目标消费者、潜在消费者、市场其他主体成员。这些群体对企业有不同程度的认识，而营销的目标是使目标消费者产生消费行为，已经消费的要转化为忠诚消费者，即"回头客"；促进潜在消费者产生消费冲动，转化为目标消费者；影响市场其他主体成员，建立广泛的企业认同。因此，对于这些消费者也要采取不同的策略。

对于目标消费者，公益营销应以传递消费者价值为主。消费者已经有消费的意向，或者已经发生了消费行为，企业的营销就要从促进消费转向消费中、消费后的服务。同时，公益营销要把传递更多价值放在重要的位置上，以此形成对消费者的差异化。目标消费者对于消费的期望是直接而具体的，他们已经从模糊而广泛的市场目标搜寻，进入到市场目标的选择和消费阶段。此时，最强烈的刺激除了产品、服务等趋同的因素之外，就看企业能够为消费者传递怎样的额外价值。如果说那些趋同的因素决定的，是消费者是否就某一类产品进行消费，那么额外价值决定的，往往就是消费具体选择哪个企业的产品。这是公益营销的优势，我们要很好地发挥这个优势，建立起不同于其他产品的价值传递内容。

价值传递内容就是我们公益营销的公益性。它的对象很宽泛，也很具体。对于不同的消费者，我们要有所取舍，使之适合消费者的年龄、性别、职业等方面的特征。比如我们以农民作为目标消费者群体，那么我们开展商业伦理方面的公益活动就是不恰当的；如果我们以老年人作为目标消费群体，那么我们开展健康养生相关的公益活动就有足够的吸引力。

对于潜在消费者，我们的策略是以公益促进消费，因而要在公益活动的谋划中，体现其与消费的关联性。潜在消费者的特征，是当前缺乏消费的意向和动力，但是具备消费的能力，也有潜在的消费愿望。对于他们，营销的过程就是激发消费冲动的过程。而公益营销可以形成有效的刺激，使潜在消费者发生转化。

例如，某运动功能饮料品牌一直强调其提神、缓解疲劳的功能，市场定位是脑力工作者和城市白领。在这个市场逐渐饱和之后，该品牌希望能够向年轻人市场拓展。此时，在校大学生就属于它的潜在消费者。为了促使潜在消费者产生有效的消费，该品牌一方面采取校园降价促销等手段铺货，另一方面，则是将品牌与环境保护、体育健身等主题公益活动结合起来，得到了年轻人群体的认同。

这个例子说明，对于潜在消费者，公益营销的重点是公益与消费之间的关联性、共性。有了共性，才能引起消费者的共鸣和兴趣，进而产生消费的冲动，最终选择某一个具体的品牌。对此，公益创业有着更好的条件。公益创业项目一进入市场，就有着明确的公益目标，更容易对潜在消费者产生有力的刺激，促进其转化。

最后是市场其他主体。市场其他主体不仅包括了目标、潜在消费者以外的消费市场成员，也包括了竞争者、潜在竞争者、无关联主体等。这些群体的特征就是无利益关联，实际上就是非特定的、未赋予特征的人群。对这个庞大的群体，公益营销的策略重点是提升企业的品牌形象和社会美誉度。我们只需要让这个群体记住我们这个品牌，记住我们做了什么公益活动，了解我们倡导的价值，就达成了目标。这就需要我们切实做好面向非特定人群的公益宣传，使之成为公益营销市场传播的一部分。

2. 公信机构策略

我们所说的公信机构，主要包括政府机构、第三方机构和公益组织。这些机构具有社会公信力，比一个陌生的企业更容易取信于市场。我们要善于利用这些公信机构，借助它们的影响力，达成我们的公益营销目标。

对政府机构，我们要充分利用其政策，组织的公益营销活动要契合政府的工作重点。政府每年都会公开它的工作要点，包括长期计划、中期计划和短期计划，也包括年度工作安排。依据这些安排，我们可以推知政府一段时间的公益目标。配合这些目标，我们的公益营销就能取得政府最大程度的政策、资金、活动支持。因而，要充分了解政府方面的信息，为我们公益营销工作打好基础、做好准备。

除此之外，我们还要善于利用政府机构为公益营销活动背书。公益营销活动不能闷着头搞，而要高调而谦虚。我们既不能静悄悄把钱捐了，也不能觉得自己捐了钱就是老大，走路都横着走。有影响力的公益活动一般都有政府的参与，政府起到的是主导的作用，我们要做好企业的本分，把我们的工作完成好，把我们的价值传递出去。

对第三方机构，我们需要在搞好关系的同时，充分利用它们的公信力。这些机构一般是以市场评估、市场中介、市场监督者等身份出现的。我们可以主动接受其评估，主动披露信息，主动邀请监督，以它们的评价作为我们最好的通行证。

比如，很多企业把自己和消费者协会对立起来，这种思维的本质其实是把自己和消费者对立起来。东西卖出去一个，就相当于忽悠到了一个消费者，这样的企业怎么可能长久。聪明的企业经营者，会把消费者协会当作企业公关的机构，与消费者之间产生纠纷时主动解决，提供让消费者满意的方案，获得消费者的谅解和支持。这样久而久之，形成的消费者口碑比什么宣传都更有效。

对于公益组织，我们则要与之展开充分的合作。公益组织一般都在某一公益领域具备相当的权威性，对于这一公益领域有充分的经验和推广的渠道。利用公益组织开展公益活动，既可以得到人员、经验、渠道的支持，还可以使公益的目标更明确、定位更准确，从而收到事半功倍的效果。

3. 社会舆论策略

社会舆论不仅是一个企业长期的社会形象的体现，也是企业在短期内或者某一个活动、某一个事件上所获得的评价。对于公益创业项目来说，公益活动是经常性的，甚至是日常性的，良好的社会舆论环境，几乎是公益创业项目的生存条件之一。

社会舆论的主要传播者就是媒体。在当今时代，媒体可以分为传统的公众媒体和微博、微信等自媒体两大类。企业要采取不同的舆论策略，为自身创造最好的舆论环境。

与公众媒体建立良好的关系。公众媒体在传播上有明显的渠道优势和公信力。企业的公益活动，公益创业项目的公益价值，要充分利用好公众媒体，把活动报道出去，把价值传播开来。这一方面需要企业平时就要重视与媒体关系的建立和维护，另一方面，企业要在公益营销活动的设计中体现媒体宣传策略，把它当作公益营销活动的重要组成部分。

自媒体则是良好的自我宣传工具。公益创业者千万不要忽视自媒体的作用。现在微博和微信已经成为普及性的社交工具和信息工具，利用它们既可以为公益项目积累社会评价，也可以作为公益项目的重要宣传窗口。公益项目的重要活动不仅需要通过自媒体来发布，而且可以通过日常的信息发布，吸引更多的人成为受众，进而潜移默化地传递我们的价值主张，使公益项目更加深入人心。

公益的"公"，在一定程度上体现为社会舆论。公益创业者务必善用社会舆论，为自己创造良好的生存、发展环境。同时，公益创业者要把握好自己的主体位置和主导作用，不能把公益创业、公益营销变成仅仅是媒体宣传，而是要把公益目标落实到位，把公益活动执行到位。不然，我们的公益活动始于宣传、止于宣传，一直在放空炮，消费者是不会认同的，反而觉得非常虚假。尤其是我们不能借助公益之名搞促销，而是要把公益和创业、公益和销售有机结合起来，互相成就。只有这样，我们才有可能得到真正有效的舆论支持，最重要的，是得到消费者的认可。

案例：以谋划赢得公益的出路

王胜创办的"百特教育"，是上海为数不多几个已经成为社会企业正规的NGO（非政府组织）之一。今年6月开始，它有了自己的银行账户——上海百特教育科技有限公司，而在刚刚过去的9月，它又以社会企业的身份获得了天使轮融资300万元。

如何把自我造血循环能力羸弱的NGO成功转变成为可以自负盈亏的社会企业，是当前困扰一大批NGO的现实难题。作为过来人，王胜说，"百特教育"从出生开始，就带有鲜明的"商业模式"基因。这个从某新加坡IT公司中国区总经理位置"下海"做公益的IT男，从一开始，就把"青少年财商教育"项目当作一件"产品"，"有头、有尾，有目标、有过程、有评估"。一个准则是，质量控制好、成本核算好。

2008年，花旗中国CSR找到教育博士在读、时任21世纪教育研究院执行院长的王胜，希望其帮忙推广银行"理财有道"这套书，把书"送"进上海、北京各所名校。在送书进名校的过程中，王胜惊讶地发现，那些北京四中、人大附中、上海中学的学生竟然喜欢看。尽管喜欢这种财商教育书籍的老师很少，但学生们的反应让王胜"嗅"到了机会。"财商课程"不就是他正在寻找的教育改革突破口吗？一方面，这种课程在国内尚不发达，甚至处于空白、缺失状态；另一方面，学生们不仅不排斥反而很喜欢这种课，为什么不拿它作为突破，在全国的中小学校推广财商教育？

说干就干，他当即成立了"百特教育咨询中心"，寓意孩子们在拿到100分的同时培养好自己的特长，又与英文"Better"谐音。开业不久，他就迅速引进了国际儿童储蓄基金会的财商课程Aflatoun。Aflatoun是一部印度电影里的魔法师，他能随时把钱变出来或者变不见，用他的名字命名财商课程，表达了对青少年理财能力的期盼。

但问题是，这套课程引入中国后遭遇了前所未有的挑战，挑战来自为孩子们授课的老师。百特教育的做法是，仅对各个学校的教师培训Aflatoun课程，再由教师自愿决定是否回去给孩子们上这门课。但问题是，按照这一模式，两三年下来，百特培训的老师中只有20%～30%的人回校后会实施这门课，而且不是全部实施。老师们只实施社会课程，完全不实施或者少量实施金融课程，儿童创业课程则完全不碰。这直接导致后期的项目评估出现问题，在学生的"理财行为""创业行为"方面，数据很不理想。

王胜决定，改变普遍撒网式的教师培训模式，转而主攻学校校长和有教育远见的地方教育行政主管部门。2013年，以国际金融中心定位的上海浦东新区教育局，决定在全区每所小学都引入Aflatoun课程，使之成为区本课程；上海学前小学，一所外来务工人员子女学校，校长决定在三四年级学生中全面开课，每周上课，学校定期组织拍卖会、班级银行、跳蚤市场等活动，以配合课程推进；安徽合肥名校望湖小学，自费引入Aflatoun课程，主动支付培训费用，要让孩子们成为"经济公民"。

王胜说，2009年推广财商课程时，只有约10%的人觉得可以开课。而如今，超过70%的教育者认为财商课程"可以上"，"虽然优先等级排在语、数、外、钢琴之后，但至少排进去了"。接受过财商教育的孩子，表现出较为明显的自我管理潜质。未来，王胜打算除了对个体教师进行培训，再引入机构培训，培训更多的NGO与他一起推广财商课程，"成为青少年财商教育的枢纽型组织"。

公益营销的谋划，根本的目标还是把我们的价值主张，恒久地、有效地传播出去。我们与社会各方面主体建立的关系，也是以此为核心。公益创业者要时刻有这样一个意识：价值主张的传递，不仅需要我们做对，更需要我们避免做错。因而，我们要保持自身在价值上的一致性，坚持我们的初心，才能得到始终。

公益主题的定位

任何公益创业，都需要有一个鲜明的公益主题。它是公益创业项目区别于其他项目的标志，也是项目在市场上立足的基础。有了鲜明的公益主题，项目才能将企业目标、市场目标具体化。从我们近几年来推广公益创业的经验看，公益主题主要包括农业类、互联网类、妇幼类、残障人士类、环保类、健康类、就业类、扶贫类等几种。这也是当前社会普遍迫切需要的公益领域。

这些主题都具有不同的特征。公益创业项目在设计过程中要依据这些不同特征，设计出切合实际的方案，才能得到最大程度的市场支持。我们以农业类和互联网类主题为例具体描述，而把其他主题作为组合式项目，为大家提供参考。之所以这样做，是因为农业类公益主题可以直接提供有效的项目载体支撑，并且组合其他公益主题；互联网既是主题之一种，也是公益主题的有效工具。

1. 农业类公益主题

农业类主题往往是从产地开始的。农产品往往地处偏远、交通不便、信息不灵、技术水平低，这些原因造成农产品滞销或者卖不上价。公益创业项目就要从农业这些落后的地方入手，为当地农民排忧解难，为当地农业创造效益，同时实现创业项目的发展。

对于农业类主题，通常引入的方式是产加销一条龙。产即生产，加即加工，销即销售，项目要在生产、加工、销售这三个最为主要的环节上面下功夫，实现产业上下游的纵向合作和横向联合，体现农业的增值效益。

公益创业案例：新型农民

李达长是湖南省涟源市强农种植专业合作社创始人、理事长。1988年出生的他，现在不过29岁，而他的合作社通过"五代一包"的模式，种了2000余亩水田。2014年，他被评为湖南"乡村好青年"。

2009年，20出头的李达长从长沙职业技术学院毕业回到家乡——涟源市三甲乡秀峰村。看到村里青壮劳力都外出打工，大片农田抛荒，而自己又无能为力，他心中顿时有一个解不开的"结"：怎么才能解决农田抛荒这个难题？经过深思熟虑，他毅然决定外出打工，攒下一笔钱，添置农业机械设备，组建一个合作社，为外出打工的农民耕种抛荒的农田。他在大学读的是机电一体化专业，从事的模具工序又是个热门专业，他很快在贵州一家建筑工地安营扎寨，凭着聪明才智和技术，每年居然能拿到20万元的年薪。"但是做模具车床工作太过于平淡。"李达长萌生了创业的想法。

刚开始李达长考虑过养牛，因为当时的牛肉价格一直很高，但养牛周期长、投入高；他也想过种植经济作物，如辣椒之类的蔬菜，但这些价格波动大，风险也高。后来李达长留意到家乡耕地抛荒现象越来越严重，童年记忆中"一片片绿油油的稻田"难觅踪影，最终，他在父亲的建议下，"卷起裤脚"准备种田。

　　三年的拼搏，为李达长实现自己的"强农梦"打下了坚实基础。2012年，他毅然返乡，组织5个股东，注册资金118万元，成立了以"代耕代种、统防统治、包产包收"为主要业务的涟源市强农种植专业合作社。接着，合作社购买了中型耕田机2台、小型耕田机10台、中型收割机2台、插秧机8台、催芽机12台及动力植保机械15台，挑选与培训10多名机手，组建专业服务队，成为全市首屈一指的农机大户。

　　接下来土地流转成了问题。三甲乡多为丘陵地带，土地比较分散，而当地农户对于土地流转很抵制。头一年，李达长与父亲翻山越岭，几乎跑遍了整个乡，最终也只流转到几十亩水田。他跟几个股东商量，转向机械代耕服务，并逐步摸索创造出"五代一包"农业生产模式：合作社为农户提供代耕、代育、代管、代插、代收的机械化服务，每亩田每季稻包产400公斤以上，入社农户每亩田每季稻交400元服务费。对于农户来说，他们只需要看水、下肥，收割的时候来运谷子，一年下来可以省去近一半的成本。

　　随着合作社步入正轨，问题也随之出现了。合作社利润较薄，基本处于收支平衡的状态，当初的5个股东纷纷撤资不干了。不过，最难的还不是这些。"合作社走向正规化，还面临管理难、成本高、宣传推广难的问题。"李达长表示。

　　李达长并未就此放弃，而是开始"两条腿"走路。一方面合作社继续"五代一包"农业生产，另一方面，他开始拓展到山地流转，种植其他经济作物，比如橘子等。此外，他还成功流转了100多亩优质水田，种植优质大米。这每年给他带来10多万元的纯收入。

这种运作模式逐渐被农民接受，合作社建立起以秀峰等14个村为基地的双季稻种植示范区。2013年，合作社连片"五代一包"双季稻1100亩喜获丰收，平均亩产900公斤，高的达1000公斤。到了2015年，李达长的合作社种植面积达到了2200余亩。这种模式不仅解决了农村土地撂荒问题，保证了粮食产量，而且解决了农村闲散劳动力的就业问题，入社农户每年每亩田地净收入增加500元以上。李达长本人先后获得了"2013年湖南省集中育秧先进个人"等荣誉，强农合作社也获得"涟源市先进合作组织"等称号。

从模具行业到农机产业，从建筑行业到现代农业，从城市从业到农村创业，李达长终于实现了做一个有理想、有知识、有技术、有作为的新型农民的绚丽梦想。

2. 互联网类公益主题

当今时代就是互联网的时代，而它自身也在发生着剧烈的变化，或者说是进化。智能手机、移动网络的发展，促使互联网从单向传播和陌生人模式的web1.0时代，发展到了当前的信息交互和熟人社交模式的web2.0时代，网络做生意的方式也发生了很大的变化。这就为互联网公益创造了新的机遇。

一些大的电商平台已经走在了公益营销的前列。

京东的"互联网+"公益

"京东公益物资募捐平台"是京东公益继其资金募捐平台上线后，在互联网平台公益领域的又一创举，在业界率先创造了"一键捐赠、物资直送"的全新模式，以创新、阳光、高效的特性引领"互联网+"公益发展新趋势。"京东公益物资募捐平台"充分发挥京东自营式电商优势，从商品供应、物流配送、技术运营、客户服务等方面为公益项目提供全方位支持，为社会公众提供阳光、透明的公益捐赠体验。

京东公益物资募捐平台完全基于移动端开发，网友通过京东app即可访问京东公益模块，浏览了解公益项目，以爱心价点选、购买所捐赠项目的所需物资，一键即可完成捐赠。

例如，在救灾过程中，京东探索出的"自营物资捐赠"+"物流直达现场"+"京东小哥志愿者服务"+"网友救灾捐赠通道"的全方位救助模式得到了各方好评。刘强东经常亲自指挥京东的救灾援助行动，在他的指示下，京东还在最短的时间里上线了网友物资捐赠通道，一旦灾害来临即可开启该通道，便于发挥社会力量共同援助受灾地区。

在前期救灾物资捐赠通道的基础上，由京东多个部门参与研发的"京东公益物资募捐平台"于2016年12月29日成功上线试运行。在短短3个多月的试运行期间，京东公益物资募捐平台即汇聚超3万份爱心，累计募集超过25万件物资，其阳光、高效、创新的特点得到了各方好评。

京东公益基金会荣誉理事章泽天出任京东公益物资募捐平台爱心大使，以她作为发起人的"天强慈善基金"联合"鸿基金"在京东公益物资募捐平台上发起了一个帮助云南山区留守儿童募集雨衣的项目，并向鸿基金捐赠100万元资助"微笑1+1"关爱留守儿童项目。章泽天表示，新的儿童关怀项目将利用VR等高科技技术，拍摄展示山区风貌及孩子们的真实生活环境，让网友能更身临其境地体会孩子们的处境。更有趣、更新锐技术的引入，将进一步推动科技与公益的融合。

京东公益物资募捐平台将充分发挥京东在智慧物流、智慧供应链、大数据等领域的技术优势，可以根据网友选订爱心物资的捐赠订单数据，对公益物资库存进行合理补货、备货，实现精准选品，打造供应链协同；基于页面流量数据，对用户行为进行细分及偏好分析，设置运营策略进行精准推送，提升公益效益；对公益项目受灾地区区位及订单用户进行分析，可帮助调整产品布局、精准定位形成公益地域差异化策略；可以利用VR技术为网友提供身临其境的公益现场参与体验。

很多项目经过互联网的改造，可以焕发出更强的活力，挖掘更大的潜力，实现更大的发展。

案例：面粉大王的电商梦

2016年5月，偃师市一名农民企业家应邀站在清华大学讲台上，面对电商总裁班的老总们畅谈打造"万村淘"的梦想和实践，在当地被传为美谈。

他叫位西瑞，是偃师缑氏镇人。现年44岁的位西瑞，高中毕业后外出打工，闯荡多年后，回乡开了一家小面粉厂。创业初期，为尽快还上借款，位西瑞总是天不亮就把加工的产品装上车，把一袋袋面粉送到客户家中。2007年，位西瑞创办了偃师市永丰面粉有限公司，加工能力由原来日产几十吨上升到日加工小麦400吨，年产值达1.5亿元。位西瑞也成为豫西地区有名的"面粉大王"。

近年来，移动互联网快速发展，让位西瑞看到了农村电商市场的巨大潜力。在洛阳电子商务协会支持下，位西瑞大胆尝试"触网"，创办了一个名为"粮油送"的电商平台，几年运行下来发展势头不错。位西瑞的信心更足了，找到两名合伙人投资300多万元，成立了洛阳健穆电子商务有限公司，正式开启"万村淘"项目，推动"网货下乡"和"农产品进城"。谈及未来，位西瑞表示，"万村淘"是农民家门口的电商，更懂农民的需求，也更接农村市场的地气，"万村淘"将来力争覆盖"一万个自然村"，让乡亲们买着方便、卖得舒心。

我们看到，互联网公益营销可以充分调动消费者的积极性，既以最小的成本获得了最大的资源支持，也最大范围地获得了市场的美誉度。对于公益创业项目来说，这样大规模的市场活动可能还力不从心。但是，项目一方面可以借助这样的大平台开展一些力所能及的活动，另一方面，公益创业项目可以充分利用微商渠道，在大学生创业—消费这个充满活力的平台上，把自己的公益主题传播出去。

我们还可以发现，互联网根本上还是一个工具，我们要善于利用这个工具，利用这个工具搭载其他的公益内容。

3. 组合性公益主题

公益创业项目根据其愿景、价值、资源等各方面的条件，往往在妇幼、残障人士、环保、健康、就业、扶贫等领域寻求市场机会。而这些领域似乎很难直接把公益和创业有效地结合起来。这就需要我们开动脑筋，从公益创业大平台的有效利用出发，来设计各种组合性的公益主题，实现公益创业的统一。

我以一个项目设想抛砖引玉，供大家参考。

Apple的项目设想——公益健身APP

这个app的设想是这样的：当前跑步健身已经成为一种时尚，而广告主期待时刻有效投放广告，公益健身app则希望把这两者结合起来，同时实现公益目标。

app的主要服务功能，是为跑步健身者提供一个路线、成果方面的纪录，同时加入一些健身资讯、指导等方面的信息服务。用户每跑1公里，app就推送一条广告；用户可以自主选择是否显示广告、是否点击广告。但是只要用户点击一次广告，项目运营方就会为某个公益主题，比如妇幼公益、残障人士公益捐献一定数量的现金。这个机制在app后台有显示，时机成熟时还可以推出相应的记录和电子账单等证明文件。

公益健身app与公益组织有效合作，以大学生公益创业—消费平台作为推广工具，并以此谋求广告商的投入和支持。这个项目设想，就是供大家打开思路，希望对大家在公益主题的组合以及与市场对接上有所启发。

公益创业项目在有了清晰的定位之后，创业者的人生定位也变得非常清晰。不仅如此，创业项目的价值主张、市场目标也都在公益主题的引导下突显出来。

公益创业的方案

公益创业的方案，也就是它如何获取资源、形成产品、赢得市场的逻辑和设想，是商业计划的主体部分。在上游，公益创业的方案要能够把各个方面的资源整合到一起，形成项目独特的创业资本；在中游，公益创业的方案要厘清各个方面的逻辑，提出市场实现的设想，具体化为商业模式；在下游，公益创业的方案要对目标市场、市场细分、消费者策略等有前瞻性的计划。设计公益创业的方案，就要从这几个方面入手。

1. 整合项目的资源

项目的资源需求是多方面的，包括资金、技术、人才、设备、市场等，而一个项目区别于其他项目的不同之处，是创业者如何整合这些资源，使之为项目服务。创业者对项目所需各种资源进行整合的成果，形成了项目的灵魂资本。所谓灵魂资本，就是对创业特殊规律的理解和运用，表现在创造与整合资源、驾驭资本要素的能力，落实到对具体项目的理解、通透和把握上。

我们借用数学中函数的定义，给灵魂资本取名"F"，即"F资本"。如果把企业、项目的运行结果用S表示，以A、B表示有形、无形两大类资本要素，那么我们就可以用下面的公式来表示灵魂资本与运行结果的关系：$S=F（A，B）$。其中，A可以进一步细化为A1、A2、A3……B可以细化为B1、B2、B3……它们分别代表不同的要素资本。

在公益创业领域，我们更要把公益的元素与项目其他各方面资源有机地融合起来，实现价值体系的升华和资源系统的重构。

案例：合作共赢的农村创业梦

闫鹏今年37岁，内蒙古呼和浩特市人，2004年北京大学计算机科学与技术专业毕业。大学毕业后，闫鹏在成都工作，每月有一万多元的收入。

　　2014年7月，闫鹏觉得时机成熟，不顾家人反对，毅然辞掉工作，"嫁"到妻子家乡，和妻子一起大搞养殖业，圆自己和妻子的农村创业梦。2014年11月，闫鹏多方筹措资金，投入70多万元，流转了49亩土地，注册成立了内江市果利种植养殖专业合作社，跨出了农村创业梦的第一步。同年12月，闫鹏参加了区农林局的种养殖技术培训班，参观了市中区、威远县等地的知名种养殖基地，增长了种养殖知识，结识了种养殖技术人才，学习到了许多管理经验。

　　闫鹏流转土地，修建了鱼塘、养鸡场、兔舍。为充分利用土地资源，他又在政府支持下，种植了香樟、桢楠作为鸡、鸭、鹅等家禽的游乐地，还种植了柑橘、梨、核桃等果树。当年他购入300多只种兔、鸡鸭鹅幼苗各300只，承包鱼塘2亩养鱼3万多尾。为保证合作社的正常运转，闫鹏雇佣了村民12名，带动了当地村民就业。2015年，仅商品兔收入就10多万元，各类总收入达30多万元。

　　2016年，闫鹏根据市场需求，转向养殖肉牛，准备买80多头架子牛饲养。在修建牛舍期间，闫鹏参观了内江、眉山、自贡的肉牛养殖基地，向其学习经验，同时在农业书店购买养牛全程书籍，学习目前先进的牛舍建造、规划方案以及牛的饲养方法，同时经农林局指导，购买了3公斤很适合做牛饲料的墨西哥玉米草进行种植。

　　闫鹏的农村创业梦立足于生态农业暨休闲观光的总体规划，成立合作社只是他的第一步，下一步，他将扩大蔬菜、果树种植，发展乡村旅游。他说："无论面对什么样的困难，我都要坚持我的农村创业梦，努力实现我的农村创业梦！"

闫鹏创业项目的公益元素，使他很容易地得到了当地政府等机构的支持，整合了各方面的资源，实现了创业的多赢。如果没有公益元素，不是以合作的方式带动当地的发展，闫鹏就仅仅是一个普通的养殖专业户，他所面临的困难可想而知。公益与创业互相成就，其效果在资源整合过程中是非常显著的。

2. 厘清项目的逻辑

项目的逻辑体现在它如何实现收益上。对于公益创业项目，还有更远大的目标：实现经济收益和社会收益的统一和同步。关于项目如何实现收益，很多创业教材都已经讲过，我们这里不过多表述。我主要讲如何把公益元素加入到商业模式中去。商业模式主要有非绑定式商业模式、长尾式商业模式、多边平台式商业模式、免费式商业模式、开放式商业模式五种类型，每一种商业模式加入公益元素的方法，要有单独的设计。

非绑定式商业模式认为，存在三种不同的基本业务类型：客户关系型业务、产品创新型业务和基础设施型业务。这三种业务都包含着不同的驱动因素——经济、竞争和文化。在一个企业中，客户关系、产品创新、基础设施都存在，但是企业必须将其有效分离，以避免冲突或不利。公益元素加入其中，一是要通过公益对消费者价值实现有效附加，促进客户关系向良好的方向发展。我们在前面说过，公益要为消费者提供更高的消费价值，除了商品的使用价值之外，我们还给消费者提供了新的、精神层面的价值，这是吸引消费者的有效策略。二是要把产品创新与公益元素结合起来，体现公益特征。三是要把公益文化落实到市场的各个环节，使传播载体更加丰富。非绑定式的商业模式需要把三种基本的业务类型加以区别，而我们通过公益元素的引入，又可以在区别的同时追求统一，使商业模式发挥更好的作用。

长尾理论是网络时代兴起的一种新理论。传统企业注重"80/20定律"，把主要精力放在重点客户和重点市场上面，即一个正态分布曲线的头部；在网络时代，由于关注成本大大降低，人们能以很低的成本关注正态分布曲线的尾部，其产生的效益甚至有可能超过头部。公益元素在长尾型商业模式里面大有可为。由于长尾理论集中力量于某个特定的目标市场，我们就可以把公益元素有针对性地注入到商业模式中，使它更鲜明地体现公益精神。例如，月嫂服务相对于孕产妇服务，就是一个"长尾"。我们可以把关爱妇女身心健康的公益元素做得更加突出，如关注产妇产后抑郁症的发现和治疗；关注产妇产后生活习惯的改善和康复；关注婴儿与产妇的有效互动以缓解产妇压力等等。这些公益元素可以在一个小的"利基市场"里面显示出强大的生命力，填补那些消费者强烈需求但市场缺乏的空白。

所谓多边平台，即将两个或更多具有明显区别但又相互依赖的客户群体集合在一起的平台，多边平台商业模式设计的关键，是平台必须能同时吸引和服务所有的目标客户群体并能为其带来价值。我们的公益创业，可以更多地采用多边平台商业模式，使公益内容和商业内容形成有明显区别又相互依赖的对象。事实上，公益创业的思路，就是多边平台商业模式的运用。我们前面讲过的很多例子，也都体现了区别—依赖这样的关系。比如在很多农业项目中，生产和销售是明显区分的，公益元素的加入，就在于销售者能为生产者提供相应的公益服务，同时建立起互相依赖的关系。

　　免费式商业模式的关键是实现免费用户和付费用户的差异化，实现对免费用户的有效"诱钓"和对付费用户的价值传递。前面我提到的APP，就利用了免费和付费的有效结合并融入公益元素的思路。一方面，跑步的用户是免费的，他们可能通过点击实现公益，公益就是有效的"诱钓"；而付费用户是广告商，他们在向跑步免费用户传播广告的同时，广告费的一部分投入到了公益，也就向他们传递了新的价值。

　　开放式创新模式是指企业可以同时利用内部和外部有价值的知识来加快内部创新，并且利用外部的创新来拓展市场。这个"外部的创新"，我们就可以理解为公益元素的引入。我举过很多例子，一个仅仅依靠卖货的企业是难成大器的，而如果能够加入公益的元素，我们不卖货了，我们做公益，就能使一个企业起死回生。这就是外部创新拓展市场的思路。

我认识一位广西的企业家创业导师周总，他的产品是甘蔗水，就是把甘蔗做成饮料。他原先为企业定位的使命是：让人喝上好喝的甘蔗水。在商业经济当中，我们不能认为这个定位不好、不对。在听了我的几节课之后，周总的思路发生了变化，他把企业定位的使命改成"营养大众、惠及蔗农"。我们都知道，在西南地区有2000多万名蔗农，周总的企业要大量收购甘蔗做成饮料，所以他这个公益的发展前景是非常大、非常广阔的。

同时他还搞了一个公益模式：每卖一瓶饮料就捐一块钱给蔗农的子女作教育基金。通过这个公益活动，周总的甘蔗水在广西产生了很大的影响力，那些种甘蔗的农民都以见到周总为荣，因为他不仅收购甘蔗，还提供了蔗农子女受教育的资金。

周总的故事让我们明白，企业好的使命和愿景，一定能够让你快速地得到资源的支持，得到社会的认可，让你的品牌知名度得以提升。公益创业项目的商业逻辑其实就蕴含其中。公益元素与创业项目结合到一起，就能使两者相得益彰。

3. 实现项目的突破

实现项目的突破，要在市场完成，也必须在市场完成。这实际上是公益创业项目接受市场检验的过程。这就需要我们在确立公益模式之后，把它落实为各种公益活动。根据我们多年来做公益创业的经验，大概有以下方式可以为公益创业带来市场上的突破。

一是公益主题活动。这是比较大的一类，可以细分为公益事业宣传、改善公众行为宣传、主题公益等方法。在做公益主题活动的时候，我们要把公益主题做得尽可能集中、突出，不能泛泛而论。如果一个公益活动主题做得非常大，什么都要说一说，结果肯定是什么都说不好。例如想为听力残障者提供助听力方面的支持，就要集中这一件事，不要搞得和残联年会一样，那样肯定会事倍功半。

二是公益慈善捐赠。慈善捐赠可以分为两类：直接捐赠，如扶贫活动、公益项目投入；间接捐赠，如奖/助学金、义卖等。这类活动我们要集中在效果上。比如我们为一个山村的贫困户捐物捐款，就要把款物落实到位。把这些要做的"正事"做好了，然后我们再谈其他，比如怎么宣传、怎么赢得企业的美誉度等。没有公益实效的支持，我们就是在忽悠大众、欺骗大众。

三是公益事业宣传。这个活动比较务虚，我们可以采用拉横幅、做广告、发传单等方式，把我们的公益目标和价值主张传播出去。在这样的宣传中，我们要紧扣公益的主题，把公益当作事业，把企业当作事业的载体，不要给人喧宾夺主的感觉。人家是冲着公益来的，要分清主次。

四是社区志愿者活动。我们要把企业的价值主张和公益情怀传播出去，更要把志愿者为社区造福之心具体落实。我们不能像那些卖假药的，装模作样给大爷大娘检查身体，然后说您这儿不好那儿有毛病，吃了我们的药才能平安。那是去社区坑人了，不是服务。所以我们不能像这些人一样，我们要做公益，就真心实意去做公益，公益做好了自然就有人认可。

案例："娟子老师"

刘娟，80后女孩，"皇家小博士母婴护理中心"创始人。她用自己的努力与坚韧不拔的毅力，在自己的事业上顽强拼搏。2015年，她入选芜湖市"巾帼建功标兵"，2016年，获得芜湖市"十大女杰创业带头人"和"三八红旗手"荣誉称号。

2009年，刘娟从淮北师范大学毕业后选择教师行业。在外人看来，刘娟有着一份光鲜的工作和安稳的生活。一次偶然的机会，她参加芜湖市鸠江区人社局举办的创业就业指导培训，激发她踏上了自主创业之路。她义无反顾地创立了"皇家小博士母婴生活馆"。创业之初，刘娟遇到的最大困难就是招人，"没有人愿意做育婴师、催乳师"。除此之外，她还遇到了资金问题。这时鸠江区人社局伸出了援助之手。"我觉得困难时期得到政府的帮助非常重要。"回忆当时场景，刘娟感慨道。

如今，刘娟受到芜湖市妇联的邀请，加入芜湖市"皖嫂"家政服务全程体系，承接妇女创业项目的建设，配合皖嫂全程服务平台，开展成人培训特色课程——小儿保健按摩妈妈班课程。在刘娟看来，这只是创业的开始。"市场瞬息万变，一定要融入，真心实意为居民服务，接地气。"

2015年，刘娟参加了芜湖市"首届女性电商创业大赛"，荣获总决赛三等奖和最佳人气奖。她利用自己不断学习的电商知识，扶持女性创业，以实体店为基础，结合互联网开设网络课程，经过短短的2个月时间，她的商品和服务遍及百度、淘宝、美团等各大电商平台。她依托母婴实体店，又开设了小儿保健推拿妈妈班课程、小儿保健推拿创业班课程、催乳师培训等课程。其中培训小儿保健推拿妈妈班学员47位，小儿保健推拿创业班学员8位，催乳师2名，并帮助5位女性成功开店，36位女性通过微信营销群实现自立自强。

刘娟同时非常热心公益慈善，她积极配合鸠江区四褐山街道办四山社区工作，联合社区开展了各种形式的"科学育儿公益课堂"，从新生儿的护理、各年龄段孩子生长发育特点，幼儿四季养生保健注意事项等方面，帮助父母们轻松解决育儿难题。每一场"科学育儿公益课堂"都受到众多家长的关注，她热心回答群众提出的关于育儿方面的问题，深受大家的信任和支持，大家都亲切地喊她"娟子老师"。

五是企业公益创投。这是针对一些已经发展起来了、有能力去投资的企业而言的活动。我们做企业赚钱了，接下来该怎么办？继续壮大自身是一种方法，还有更好的方法就是创投。创投本身就是一种公益，为什么？因为我们支持了公益创业企业，支持他们成功就是为社会造福。创投需要在选择项目、评估风险上面下功夫，逐渐积累经验。创投不仅是为他人，其实也是为自己。把赚来的钱用来壮大自身也是有风险的，鸡蛋不能都放在一个篮子里。

六是创建社会型企业。这是企业能够生存百年的唯一道路。我们看欧美日本一些百年老店，都是社会型的企业。它们有自己的愿景，有自己的目标，并且为之努力。这些愿景和目标都不是一天两天、一年两年能够实现的，而是要长期积累。我们的企业其实都是80年代才开始创办的，什么老字号都一样，到现在不过30年。30年是一代人，上一代人积累财富，我们应该积累公益，积累情怀，积累百年的愿景和目标，成为一个对社会有益的企业，才能流传后世。

至此，我们看到一个公益创业项目，它要构建公益市场的通路，就要有目标、谋划和方案。通路是什么？通路就是思路，思路就是创新。我们要敢于创新，要在公益目标的指引下善于谋划、敢于施行，才能取得最后的成功。

落地公益活动的方法

　　企业的公益理念、公益模式，最终都要以具体的方法落实成为行动，才能真正地发挥作用。公益活动要落地，就要以理念为引领，以公益为核心，以活动为载体，企业要突出其主体地位。

　　首先，要以理念为引领。我们组织实施一个公益活动不是没有目标的，其中一个重要的目标就是要把企业的理念价值传播出去。所以，任何公益活动，都要把企业理念放在先导的位置。其次，要以公益为核心。公益活动就要实现公益，并把公益放在核心的位置。受众对于公益活动的支持，不在于活动有多新颖花哨，而在于它到底能为公益作出多大的贡献。活动要围绕公益展开，才能赢得社会支持，取得预期效果。离开公益，再新颖花哨的活动都没有意义，不代表就不重视活动了。所以，还要注意以活动为载体。

公益不是大街上大把撒钱，谁捡到谁受益，而是要有区别于随机行为的活动载体。比如我们可以有主题活动，有志愿者活动，有慈善活动，这些可以分别搭载不同的公益理念。在有充分公益追求的情况下，效果的好坏，很大程度上取决于活动的组织和开展。所以，要把活动搞得有声有色，情理交融，这样才能使公益和活动相得益彰。最后，要突出企业的主体地位。所谓主体地位，是指企业要把实事做到位，要真的去做事，而不是赞助了支持了就完事了。就像我们不能把开会当作工作的落实一样，企业同样要深度参与到公益活动中，成为主角。当然，对于受众来说，他们关心的是公益，这是最主要的东西，企业是主角而公益是剧情，企业要服从于、服务于公益，而不是相反。

有了这些观念的指导，我们就可以用以下这些方法来组织实施公益活动，实现公益的落地。

公益主题活动

公益主题活动是一个比较宽泛的概念，它是企业把具体的、相对狭窄的公益内容提炼成为一个主题，通过活动的形式传播出去。公益主题要与企业一贯坚持的理念相一致，最好是相契合。比如说一家乳制品企业，它的理念是健康，那么它组织的公益活动最好也在健康领域，选取一个更能够突出企业特征的内容提炼成主题。

企业公益主题活动可以是长期的，也可以是一次性的。长期的主题活动要有良好的计划，内容要有渐进性；一次性的活动，要突出当前的公益主题，与举办活动的时机良好地结合起来，追求震撼性的效果。大体而言，公益主题活动可以采取以下方式。

1. 公益事业宣传

这种形式的公益主题活动是比较泛的，在企业刚刚进入公益领域时可以多采用。其重点是树立和突出企业的形象，让企业的标识、理念、产品等广为人知，逐渐深入人心。公益事业宣传的内容选择，可以是比较大范围的，比如健康的、环保的、行为的等都可以。活动所要强调的是公益的关注和参与、相关理念的认同；活动采取的主要方式是宣传，可以通过会展、新闻、传单等方式。

公益关注和参与。人们对于公益这个概念是关心的，都希望能够通过某种方式参与其中。但是人们也因为平时的忙碌和缺乏信息渠道等原因，难以根据自身的偏好，对具体的公益领域有所选择、关注和参与。公益事业宣传一方面要刺激和引领受众关注和参与某一领域的公益，另一方面则要把这个领域的理念、需求、现实等传播给受众，使他们能够根据这些具体的情况来选择，进而关注和参与。

公益理念的认同。人们选择某一领域的公益，关键原因还是对其理念的认同。理念认同是其内在偏好与外部环境相结合的产物。一个老年男性很难对孕期保健有兴趣，但是很可能对健康养生有兴趣，这就是其内在偏好的体现。一个中年女性可能对于子女教育感兴趣，如果恰好遇到相关的公益活动，她就可能参与其中，这就是理念认同的过程。要把理念精髓提炼成好懂、易记、上口、难忘的词句或图形，通过各种宣传媒介释放出去，以谋求最大程度的辨识和接受。

公益事业宣传是一项见效相对缓慢的、需要长期坚持的活动。企业可能先期投入会比较大，但这是走向企业公益化的第一步，是必经之路，一定要坚持下去。

2. 改善公众行为宣传

相对于公益事业宣传的正面刺激和引导，改善公众行为宣传则是以否定某一行为出发，以对比的方式使公众的行为得到纠正。这是企业在通过公益事业宣传等方式获得一定的社会认知之后采取的方法。

举办改善公众行为宣传的公益活动，企业要善于与第三方权威机构展开合作，充分利用权威机构为宣传活动背书。比如，一个孕产期保健服务企业要举办纠正错误的"坐月子"观念的公益宣传活动，就要和妇幼保健所、医院等机构合作，利用它们的信息优势和权威性。

一般来说，人们形成某种习惯以后，如果不是有特别充分的理由是难以更改的。改善公众行为宣传要特别突出其理由的充足性。理由充足无非两个方向，一是原来的行为是有危害的，二是改善的行为是有益处的。这就需要活动的组织者把功课做好，使行为的改善从企业的宣传变成大众的主动行为。这个传递过程是大众心理学、传播学、社会学、广告学等多个学科的综合，需要企业深入研究。

举办改善公众行为宣传的公益活动，还要充分显示出企业的诚意，把选择权交给受众，交给消费者。活动的组织者提供的是理念，是理由，是不同的选择，而最终的选择不是活动的组织者强制作出的，而是受众的自觉。比如我们看到，为了改善行人闯红灯的行为，有关部门组织了志愿者戴上袖标去路口强制阻挡闯红灯的行人，结果引起了很多行人的反感，这样的做法效果就不一定好。行人会认为，有很多需要纠正的东西你们不去纠正，来和我们这些鸡毛蒜皮的小事过不去。这种想法可能是不对的，但也是很自然的。企业更是要注意这一点，改善是自觉的。

3. 主题公益活动

相对于公益宣传和改善行为宣传，主题公益活动在公益内容的选择上就要更集中一些了。经过了市场和受众的积累，企业得到了一定的认知，此时举办相应的主题公益活动，进一步明确企业的公益理念，寻求特定受众、消费者更为深入的认同，就是很有必要的。这实际上也是一个从宽泛到集中的、企业定位逐渐清晰的过程。

主题公益活动首先要选择适当的主题。企业选择的主题要与企业的理念形成良好的关联性，并具备一定的热度。这样，才能既把企业的理念融入其中，也得到社会充分的关注。不然，企业尽管活动做得很好，但是企业在活动中难以得到充分的表现，事倍功半。或者虽然活动做得有声有色，但是因为社会上不存在相关热点，关注者寥寥，效果也不好。

其次，主题公益活动要追求实际效果。经过宽泛的前期宣传，企业已经投入了一些公益资金，并且取得了一定程度的认同，这个时候就得求实效了。追求实际效果，就是要与企业的业务等结合起来，不一定是直接的销售，但是也要有意向性的互动，至少要摸清楚消费者的情况。企业要在活动的设计上下足功夫，使企业的业务行为成为公益活动自然的成果。

以上这些方法，是企业在逐渐进入公益领域的过程中采用的。除此之外，企业还可以根据自身的需要，组织更有效、更适合企业自身情况的活动，比如消费者公益调查、消费者公益行等。这些活动都是以一个明确的主题作为先导，突出企业的理念，追求形象的、市场的效果。

企业价值链社会责任活动

企业的价值理念并不是一个点，而是以一个点为核心，形成完整的逻辑，形成一条价值链。比如我们看到耐克的理念是"Just do it"，表示人要追求个性、体现精神。在这样一个点的背后，是运动、健康的基础，突出个性的卖点，追求洒脱、自然的精神。运动—个性—洒脱，就形成了一个完整的价值链。这个价值链就代表了企业的社会责任。那么企业在相关的公益活动中，就不是以一个点为全部，而是以这个点为核心，来设计企业公益活动的方案和方法。

仍然以耐克为例，它举办的各种公益活动，把健康、运动这样一个基础当作它的社会责任，通过突出个性的方式来吸引人们参与到健康、运动中来，达致洒脱的境界。它的价值理念就与促进健康运动的社会责任很好地结合到一起，得到了受众的广泛认同。

我们的公益创业企业，在企业模式的设计时要关注价值链，并且在企业的经营、成长过程中，逐渐形成自己清晰的价值链，与企业想要承担的社会责任精确地对应起来。要达成这个目标，企业必须多组织一些关于社会责任方面的公益活动。比如，一个农产品企业以环保、营养、健康、和谐作为自己的价值链，就可以把营养、健康的食品与环保社会责任公益活动结合起来，组织如消灭白色垃圾、减少农药化肥用量等公益活动，使环保农业和营养食品、健康习惯、和谐生活结合到一起，形成完整的逻辑和价值链。这样，受众就能够比较容易地接受企业的理念，认可企业所承担的社会责任，进而选择企业的产品。

社会志愿者活动

社会志愿者活动是一种偏重企业形象的公益宣传。志愿者的宣传、扶助等行为，使企业的理念、标识、形象、产品得到认知和接受，是志愿者活动的主要目标。

社会志愿者活动的要点是真诚。真诚不仅是一种态度，说我们要确实去做公益，不是打着公益的幌子去卖保健品，它更是一种行为，就是我们的志愿者是去做实事了，是去帮助群众了。比如，一个养生保健的企业组织志愿者，为社区老年人义务检查身体。如果检查出来老年人身体有这样那样的毛病之后，企业下一步是积极地推荐老人去医院治疗，告诉老人要看什么科、做哪些检查，这就是真的志愿者公益活动；如果企业下一步是积极地向老人推荐服用自己的产品，给他们怎样的优惠，这肯定就是假的志愿者、假的公益。我们拒绝假公益。

这其实也就告诉了我们怎样组织社会志愿者活动：企业出钱，请有资格有能力的人，在特定的场所、为特定的人群服务。企业本身的信息，是寓于服务过程当中的，不是服务的目标，这才是真公益。

公益慈善捐赠

公益慈善捐赠是最为直接的企业公益活动，是树立企业形象的好办法。公益慈善捐赠是比较成熟的企业，在缺乏专门的事业部或者没有组织其他公益活动时经常采用的办法。它明显的好处是可以迅速提升企业的知名度和美誉度，劣势则是缺乏"授人以渔"的解决问题的方法。

1. 直接扶贫

直接扶贫是企业承担一定的社会责任，促进社会公平，弘扬扶危济困精神，直接改善社会贫困成员现状的公益活动。这样的公益活动，企业切忌走样子、走过场，尤其是要顾及受助者的尊严，不要把公益变成施舍，更不要变成扰民活动。我曾经看到过这样的企业，提几袋米、几桶油和一个几百元的红包，在基层干部的陪同下去扶贫，然后又是吃喝又是玩，人们不得安宁，活动铺张浪费。这就完全是作秀了，失去了公益慈善的意义。当然，我这样说也不是要企业悄悄扶贫。做好事要留名，搞个简朴的捐赠仪式，邀请媒体来报道一下，既给社会做榜样，也让自己的钱花得更有价值，这才是聪明的企业、聪明的公益。

创业企业各个地方都需要钱，需要资本支持，搞直接扶贫类的公益活动可能心有余而力不足。这个时候企业不要勉强，公益创业是一个长期的事业，不一定非要以扶贫的方式，甚至不一定要以慈善捐赠的方式来实现。

2. 公益项目投入

公益项目投入一般是企业在一个相对比较成熟的公益项目上投入人力、物力、财力，来赞助这个公益项目。这种方法，企业一是要找好合适的项目。项目要与企业的经营内容相关联，与企业的价值主张相契合。比如空气净化器生产厂家可以赞助救助"尘肺"病人的相关项目，农产品生产加工企业可以赞助与"三农"相关的项目，等等。这样企业就能与公益项目形成良好的互动和协作，既提升了公益的效果，也在特定的范围内有效地提升了企业的知名度和美誉度。第二，企业要深度参与到公益项目当中去，一方面追求实效，另一方面，企业参与公益不是花了钱就完事了，而是要把它当作自己的事情来做。这样，既能使公益真正落地，又能增强企业内部的凝聚力，提升企业外部的形象，一举多得。第三，企业要在公益项目投入上形成长效的机制。做公益要细水长流，不要一锤子买卖、三分钟热度，坚持才是最重要的。企业的形象可能是在一个非常特殊的时期、特殊的事件中树立起来的，更可能的是在日常的坚持中、受众的口碑中树立起来的。

3．奖、助学金

杜邦发起过一个奖学金，用以支持那些品学兼优的化学专业学子。杜邦是化学工业的领军企业，它这样做，一方面是要提升自己在社会上的美誉度，企业不是只顾赚钱，而且关注教育，关注中国长期的进步和发展；另一方面，这些品学兼优的学子将来成长起来都是业界的精英，他们不仅会报效国家，也会感恩杜邦对他们切实的帮助，这样既丰富了杜邦的人才储备，也为将来市场的合作奠定了一个很好的基础。可见，杜邦发起这样一个奖学金，所获得的远远超过它的投入，同时使国家、社会、个人都受益了。这就是公益的力量。

奖、助学金是一个长效的投入，它资助的对象是学生，是教育。助人者人恒助之，奖、助学金体现的是企业的社会责任感，更是企业的眼光和胸襟。

4. 义卖义展

义卖义展是一个相对来说比较狭窄的领域，比较适合文化、娱乐、艺术等行业。随着中国文化产业的发展，这方面的慈善公益活动也越来越多，形成了一个独特的、引人注目的领域。企业在组织义卖义展的时候，相当程度上是要借助拍卖、展出等机构和艺术家、文学家、名人等人士的知名度。所以，企业要想以义卖义展的形式参与公益，选择这样的方法，一是要有相关的资源，与相关机构和文化界人士有比较好的关系；二是要有这方面的从业经验，能够真正地参与其中，而不是仅仅挂个名字。

公益慈善捐赠是一个企业走向成熟的标志。企业在市场上初步立足，然后获得一定的发展，地位稳固了，就要多承担社会责任，把自己的价值主张通过各种公益方法传播出去。

企业公益创投

对于很多企业来说，公益创投还是一个比较陌生的方法。随着公益创业的发展，这个名词逐渐变得不再陌生。公益创投，就是企业把闲置的资金变成资本，通过股权等方式投入到公益创业企业中去，一方面扶持公益创业企业的发展，另一方面从它们的发展中获得资本收益。这是一个双赢的事情。

企业搞公益创投，需要通过适当的中介机构。因为企业自己很难去了解另一个企业，尤其是没有什么知名度的创业企业的现状，不知道它们的需求，不知道它们的经营状况，既缺乏投入的信心，也缺乏投入的机会。而一些专业的创投机构，往往手中有很多的创业项目需要投资，它们也在四处筹集资金。企业如果能够专门在这方面下功夫，就可以定向投入一些公益创业公司，这样既可以实现企业的公益目标、彰显企业的社会责任感，也可以通过公益创业项目的成功，间接地提升企业形象，并且获得资本收益。

现代企业的经营都是多元化的。市场变化太快，一个企业可能风光几年，再过几年就会衰退，甚至整个行业都被科技进步给消灭了。比如寻呼机行业就是一个例子，前后一共才10几年，突然一个行业就没了。所以，搞好公益创投，也是为企业寻求一个另外的出路，为将来转型创造机会。

创建社会型企业

企业公益最终的目标是创建一个社会型的企业。什么是社会型的企业？许多人认为社会型企业就是非营利组织，这是一个误解。凡是主动地担负起其社会责任，对社会整体起到向上的作用，就都是社会型企业。社会型企业不在于企业是做什么的，盈利不盈利，而在于企业承担了怎样的社会责任。

社会型企业是从普通企业转变而来的，转变的方式就是深度参与公益，最终公益化。这是一个自然的过程。有的企业，成立之初是普通企业，经过长期发展，有了一定的基础和市场地位。这个时候企业的决策层主动承担起社会责任，实现社会化。有的企业，从成立之初就定位在社会领域，就定位为公益化的、社会化的企业，比如我们公益创业的企业。这两种方式是普通企业转变成社会型企业的途径。过去，我们很多企业最初没有这样的意识，是经过多年的经营管理实践摸索出来的；现在，我们有了公益创业这样的理念，创建社会型企业就更容易了。

实际上，互联网时代为我们创办社会型企业创造了最好的条件。过去，企业的客户非常零散，很难组织起来，而现在有了互联网，客户在网络中生存，能够在企业的组织下形成一个子网络，实现社会化。因此，成熟企业改造为社会型企业，就要在客户的组织化方面下功夫。而把他们凝聚起来的最好方式，就是一起做公益。

公益为人们提供了共同的目标，把不同性格、不同性别、不同年龄、不同社会地位、各式各样的个体，凝聚成为一个小社群，成为大网络中的一个小网络。企业有了这样一个小网络，就实现了社会化。它可以通过这样的小网络发布消息、获得反馈，并通过小网络实现与大网络、大社会的通讯。

微信就是一个典型。我们看到，互联网是一个大环境、大网络，微信用户是大网络中的一个子网络，而微信里的微商又是不同企业建立起来的微网络。如果微信想要组织一项公益活动，或者传播什么信息，其速度之快、效率之高是难以想象的。

我们创办一个社会型企业，或者转变为一个社会型企业，不仅是良好的愿望，更是扎实的行动，也是深度参与公益活动并把企业改造成公益型企业的过程。这是值得我们当作一生的事业去努力的事情。

追求企业公益的效益

企业以营利为目的，不能带来效益的公益营销，既不是好公益，也不是好营销。公益营销不是一般的市场营销，想要做好公益营销，首先要有一定的了解。公益营销的定义很多，这里我们可以将公益营销概括为企业参与公益创业，通过公益与消费者连接，在做公益的同时对企业进行宣传，达到提高企业知名度和对他人进行帮助的双重目的。

想要公益营销就要做好前期调查工作和制定完善的计划。所有企业在开展新产品开发和新领域的开发之前一定会做好市场调研，公益营销同样如此，"公益"二字在前，但是不能盲目选择项目，企业在选择项目的时候，我前面已有讲过，要与企业自身相结合。那么就要在了解自身的前提下，准确定位，展开市场调查。

　　首先一定要了解自己。自己是最了解自己的人，在行动之前一定要知道自己是什么样的人，有什么资源，有什么样的能力等等，这些都需要自我剖析。"以铜为镜，可以正衣冠；以人为镜，可以明得失；以史为镜，可以知兴衰。"现在最难能可贵的就是有自知之明，只有自知之明才能帮助自己在诱惑面前不迷失，在强大的敌人面前不感到胆怯。

　　对于企业来讲也是同样的道理，这些对于企业选择项目、制订计划都有着至关重要的作用。企业在进行公益营销之前，一定要知道企业自身未来的发展方向，如果制订的计划与自身发展相违背，这对于企业来说就是一场灾难，两头受累。在确定发展方向之后，企业需要知道自己有什么，即有什么企业资源。企业资源是一切活动的来源，需要知道有多少资金可以投入使用，有多少人员可以调用，有多少资源可以运用在这个项目上，预期收获目标是什么。在调查清楚之后，进行下一步，了解自己想做的项目市场和目标客户。社会发展到现在，企业的目标市场和目标客户一定是细分市场和客户群体后得到的，消费者的年龄、性别、消费水平、个性需求等都需要企业关注，针对不同的客户群体和市场需要不同的营销计划。

　　了解完内部的情况，接下来一定要做好外部分析，内外相结合，才能找到最适合自己的道路。

　　企业外部环境分析，即宏观环境分析。宏观环境包括政治、经济、文化、法律、社会、技术等多方面因素，企业需要将以上要素了解清楚，而不至于在实施时遇到各种问题。特别重要的一点就是，了解以上因素，可以准确了解国家经济动向，参与国家公益事业，不仅能得到政府资金的支持，同时能在无形中宣传自己，也节省成本。

讲得直白一点，就是当你的企业项目上升到了政治高度，你就能得到政府的大力支持，一比一的配套资金都会进来，就看你有没有抓住这个机会。我的亲身经历可以告诉大家一个更加直观的答案，用数字说话。我在上海金山政府匹配了4个亿，主要是做一个孵化器，拥有5000多平米的基地。其中，政府支持资金包括280万的装修费，每年200万的运营费用。政府这样做正是因为这个项目的前景非常好。我们获得这庞大的资金后，才有力气做我们想做的事，于是走访各大高校询问优质项目，有好项目就投。政府花4个亿，是为了引进更多的好项目到上海注册公司，而我们正有一家创投公司，产生的利润相当可观。我讲这个是为了让大家认识到，企业做环境分析的时候，一定要看重大环境，在正确分析大环境后再做决定，你就会真的发现，政府不再是给企业设置条条框框的人，而是推动企业发展的一股强大助力。

企业外部环境分析，即微观环境分析。微观环境针对的是人，包括顾客、竞争者、供应商、分销商、合伙人等要素，这些要素影响着公益营销的计划和实施。人是最大的变数，消费者的喜好是多变的，而且随着社会的发展人们的喜好越来越细致和多样化，对个性化的要求也越来越高。企业在做分析调查的时候，要对其目标客户进行深入分析，准确把握消费者的消费习惯，做出针对性的公益营销计划。

微观上还有两个很重要的因素，一是竞争者，二是供应商，对于竞争者，在进行公益创业的时候，要尽量避开竞争对手，不起正面对抗，因为相同的项目和相似的活动都会使自己的营销效果打折扣。当然如果有足够创意的设计，能够在竞争对手的基础上做到完美，那么一较高下也未尝不可。对于供应商，就像我之前提到过的那个"芒果小妹"，她帮助的是攀枝花的果农卖芒果，我们需要做好供应商的调查，果农提供农产品，我们则需要确认芒果的种类、质量和货源的稳定程度，这样才可以保证在帮助果农的时候，不损害消费者的利益。假使芒果质量不够好，就不仅是创业的失败，而且会损害果农的信誉，影响他们的销路。高质量的产品、稳定的供应商配合优秀的营销计划，还怕没有效益吗？

企业在完成内外分析之后，就可以进行SWOT分析了，分析自己的优势、劣势、机会和威胁。

1. 根据自己的优势和劣势，找到自己的薄弱环节，进行弥补和强势优化。

2. 根据自己的优势和机会，大力发展自己的强势能力，利用已有的机会进行营销以获得成功。

3．根据自己的劣势和威胁，要懂得避免和预防受到攻击，不让企业遭到内外部的破坏。

完成分析工作后，企业要制订营销计划，公益营销计划离不开专业知识，同时需要创造力。专业知识提供的是计划的可行性，创造力提供的是计划的创新能力，如此，营销才能为企业带来经济效益和社会效益。制订公益营销计划，首先要确定自己的目标，一个好的目标是企业的引路标，不会让自己迷失方向而找不到路。

接着要有一个主题，就像一份策划一样，告诉自己需要达到什么目标，然后决定活动主题，决定活动具体内容。那么公益营销的主题又该怎么确定呢？公益营销略不同于一般的营销，企业一般的营销，其主题比较明确，就是吸引消费者购买自己的产品。公益营销的主题则不然，除了从产品、消费者和市场出发之外，还需要考虑公益的目的，即为了帮助需要帮助的人。主题需要契合公益，其次才需要考虑从哪一点出发，是产品形象，是企业形象，是目标客户，还是其他。

我认识一位深圳的企业家，专门做耳机的，企业规模不错，一年做一个多亿。企业愿意每年拿出200万做公益，这是一件特别好的事情，企业愿意回报社会。在和我们开会的时候，这位企业家却不知道该做什么。那时这个企业没有自己的规划，不知道设定自己的主题，只是说想做公益，由于有几个股东是爱狗人士，很喜欢狗，于是决定把钱拿到广西玉林救狗。这种做法让我哭笑不得，企业既不是生产狗粮的也不是开宠物医院的，产品是耳机，与狗根本搭不上边，是企业做公益，还是个人做公益？个人救助狗是好事，但是对于一个企业来说，不论是公益项目还是公益主题，必须结合企业产品，企业的产品定位，必须结合好企业的目标客户。当然，这位企业家这次公益是完全失败的。

　　我想用这个案例告诉大家，任何公益都要切合实际，选对主题。定完主题，接着要考虑整个计划的营销策略，选择合适的内容，做好预算工作，设计宣传方式。一个优秀的宣传渠道，能够帮助企业迅速打开市场。最后做好紧急预案，计划总是赶不上变化，做好预防，才不会在发生特殊情况时手忙脚乱。

　　完成所有的准备工作，就要执行任务了，这时，需要拥有一支良好的团队。一支想法多的团队，不如一支执行力高的团队，说得多不如做得多，想让别人认可，就要以自己的实际行动来证明。公益创业是企业家与大学生团队一起完成，企业家在与大学生合作的时候，一定要考察大学生，看他们是否有一致的价值观。对于企业家而言，如果选择的大学生团队不能理解企业家的想法，那简直就是对牛弹琴，又如何使这个团队发挥它的作用。创业的大学生不一定选择公益创业，只有企业家与大学生目标一致，愿意帮助他人，愿意以公益的形式来帮助需要帮助的人，才可以使这个项目顺利执行，保证双方的利益。价值观取得一致后，还有一件很重要的事情，就是团队，团队分工要合理，能力要平衡，队伍一定要协调。多少项目不是死于外部因素，而是死于内讧，这是多么可悲的事情！

　　我曾经帮我侄子找过创业团队，可以给大家讲个小小的事例，希望能帮助到大家。我侄子是退伍军人，回来之后说要创业，来找我的时候说不想上班。但是当了那么多年军人，他并没有什么创业的具体想法。我说，我能帮大学生创业，就可以帮退伍军人。结合我侄子的地方，他生活在蒙古族木兰围场县，那里的坝上白蘑菇卖得特别好，我就让他做这个，注册了公司、商标。但是我侄子带着一群退伍军人不懂得销售，于是我帮我侄子找了内蒙古教育部负责创业的王青主任打了电话，和他说了这个项目。他特别支持，我向他要了三个学生，不用他们出资，给5%的股份，但是我要求这三个大学生有营销能力。后来王主任给了我三个孩子，一个有超强的演讲能力，一个精通互联网，另一个软文撰写能力超级强。接着我找了企业家做投资人，找了厂家。整个项目就变成了退伍军人加大学生加创业导师的精准扶贫项目。这个三个大学生在团队的作用不可小视，假使这三个学生没有什么特长，又怎么帮助退伍军人进行创业，使得这个项目顺利运营呢？大学生将这个蘑菇酱包装成一个故事，销售的是满蒙一家的情怀，仅仅45天，就成功卖掉了2万多箱，一箱有12瓶。这个案例中，三个大学生就是一个完美的营销团队，一个合格的营销团队。

企业在运营项目的时候要时刻提醒自己，品牌是自己争取来的，不是别人给予的。面对社会的繁杂，企业一定要认清自己，时刻把握住自己的方向，迷失在这股浪潮中，结局只有失败二字。企业可以坚持效益优先，但不能失去做企业的道德底线，明明是做公益营销，到头来却让企业走上歪路，借公益的名义，打着赚钱的目的，这听起来是多么可笑的一件事。

一个良好的品牌和企业形象能帮助企业不停地宣传，不断地将公益项目持续下去，公益产生的效益也会不断地持续下去，反过来支持公益的持续。

展望公益创业的未来

　　任何时候，展望未来都是一件让人为难、但又激情澎湃的事情。我给大家先讲个真实的笑话：刚刚上大学的时候，我们寝室共同探讨了很久的未来，一致认为如果将来毕业后月薪能够达到3000元就什么都不愁了。我们为此设想了各种花钱的方法，每一种都很是激动人心。你猜怎么样？我们毕业时月薪差不多就是3000元……

　　未来难以预测。那样激动人心的愿望，在不久的将来竟然成为一个笑话，或许是在告诉我们：关于未来，我们要更大胆，要更开放，要更积极。尤其是公益创业，它是凝聚了我们一代人的激情和梦想、心血和力量的事业，怎样预期它的未来都不为过。只是，我们同样要脚踏实地，以现在为坐标，有所前瞻，以利再战。

互联网时代的公益创业

互联网的发展超出了任何人的想象。它是技术和工具，又不单纯是一种技术或者工具，而是有着它自己的生命力，沿着它自己的轨道前行。1996年引入中国之后，互联网经历了世纪初的泡沫，人们一度以为互联网已经工具化了，而横空出世的移动互联，又一次颠覆了人们的生活。在可预见的未来，我们能够想象的，依然是移动互联的深化。它与公益创业的结合，也是值得期待的。

首先是微商的普遍应用。任何商业模式都有产品／服务端和消费端，微商模式把产品／服务端拉到了无限远处，消费者实际上只看见卖家和他披露的相关信息；微商模式又把消费端拉到了无限近处，消费者实际上是不断扩散的朋友圈子，买家和卖家之间因此建立起初步的互信。公益创业与微商的结合，可以使公益以更加温暖的方式传播开来，使它的价值更容易被人们接受，市场关系也因而会变得更加顺畅。有效利用微商模式开展公益创业，将是我们面临的一个机遇，也是一个需要深入研究和开发的领域。

案例：电商为传统产业插上腾飞的翅膀

刘伟伟出生于1991年，2013年大学毕业后在沿海一家大型企业做电商工作。2014年7月，父亲在家里注册开办了公司，主要从事马蹄种植和深加工，年轻的刘伟伟想跟父亲一起干出一番事业，毅然放弃外面薪水不错的工作，回到三江镇和父亲一起创业。

由于自家种植马蹄的时间不长，没有客户，只能依赖别人介绍，刘伟伟种植的400亩马蹄销路并不好。刚回到家乡，如何打开销路成为刘伟伟最头疼的问题。"我平时喜欢玩电脑，就到一些网站、贴吧上去发我们公司产品的信息，半个月不到，果真有一个广州客户主动联系我，一下子就要了30万元的马蹄。"尝到第一笔网络销售单的甜头，刘伟伟便将更多的心思花在了网络营销上，不仅创建了公司的官网网页，还时常在贴吧发布公司简介以及联系方式。"如今，客户遍及全国各地，借助网络销售，公司的利润也有了很大提高，去年全年的销售额达200万元，利润率近20%，达到40万元。"刘伟伟说。

　　在利用电商开辟产品销路、提高产品知名度的同时，电商也在倒逼着乡村企业不断改进生产技术、提升产品质量。2016年9月，企业的深加工厂房将建成投入使用，主要生产马蹄糕、清水马蹄罐头、罐头马蹄片、速冻马蹄丁、速冻马蹄片等产品，同时，也将重点开拓企业的电商渠道，通过淘宝、微信等渠道销售深加工产品，打响三江马蹄的品牌。

　　而在三江镇，除了刘伟伟，还有很多的村民利用电商为传统产业插上腾飞的翅膀。三江酱菜制品厂是镇上的老牌企业，但产品的销路一直不温不火，直到2008年，企业的销售额也只有80万元。近几年，酱菜厂开始利用电子商务销售产品，当地长期在厂里进货的淘宝网店主也有十多家，江西最大的绿滋肴特产超市也是厂里的大客户，2014年企业的销售额增加到200多万元。"2013年，我们厂还从山东购置了先进的烘炒和高温杀菌设备，产品口味好了，回头客也越来越多。"南昌县三江镇酱菜厂老厂长余真辉说，电子商务也正在倒逼企业不断改进生产技术。

作为南昌县首届一指的国家级龙头企业，煌上煌是一家以畜禽肉制品加工为主的食品加工企业，2012年9月在深交所挂牌上市后，也加快了在电子商务方面的布局，先后与淘宝、天猫等电商平台合作，在网上建立了煌上煌包装产品销售旗舰店，助推公司包装产品销售，推动市场销售渠道向多元化方向发展。

在企业以及个人都认识到电商多带来的发展契机的同时，南昌县也加大服务对接力度，重点培育电子商务新兴战略性产业，引导企业通过自建网站、加入第三方销售平台等方式，做活"吆喝"经济，促进企业转型升级，提升市场竞争力。据统计，2014年南昌县全县电子商务总交易额达60亿元，是上一年的7.5倍。而在南昌县2015年政府工作报告中，南昌县也强调将创新发展新兴业态，大力引进电子商务龙头示范企业。

其次是"互联网+"的改造。"互联网+"有两个含义，一个含义是互联网与其他业态的结合，另一个含义是传统产业要接受互联网的改造。当前的经济已经越来越充分地体现了与互联网的结合，下一步则主要是互联网化的改造。公益创业也是如此，互联网化改造并不是简单地把生意放在互联网上，而是要与互联网深度结合。新的产品和服务要依赖互联网来实现和不断创新，新的商业模式要把互联网当作一个全面融入的介质，新的市场要通过互联网来开发，更重要的是，创业者的思路要跟随互联网的发展而进化。

案例："互联网+"时代的无限可能

租金高、租房难是很多毕业求职者、异地打工者遇到的难题，而李玮正在做的事情就是让这一切变得不再那么难。

作为一名85后创业者，李玮的目标是让更多比他还年轻的求职者、打工者住得更加舒适，他不仅给租客提供统一装修的房屋，更借助互联网金融让他们住得起。国家提出要发展住房租赁市场，这让李玮更坚定了自己的创业之路。"感觉自己真正在做有意义的事。"他说。

李玮大学本科就读于厦门大学，在福建的求学经历与他走上创业之路有着莫大的关联。福建人"爱拼会赢"的信念及经商头脑令他印象深刻。身边同学基本上都在做一些小生意，而"不安分"的他更没闲着。晚上，他会和同学扛个大箱子去男生宿舍卖面包，基本上走两层楼就卖光了；他们批发袜子摆地摊，价格比学校超市便宜，质量却要更好。或许就是从那时起，李玮觉得赚钱似乎不那么难。

大学第四年，李玮去了英国留学。他对一切新鲜的事物都兴致勃勃，认真观察并体验着这里的社会人文，也在时刻学习、比较着英国经济模式。2010年底回国后，李玮回到自己的家乡太原。在父母的建议下，他进入了山西某国企，一年后被借调到政府部门，再过一年，又考上了国家部委的公务员。

有了一定积累之后，李玮正式开始自己的创业之路。2014年，他成立了自己的P2P网贷平台，并由企业经营贷款慢慢转型做个人消费贷。他在市场调研中发现租房市场的困境，进行战略性转型，做起了"租房贷"。在李玮看来，租房是人们的刚性需求，小而散的贷款产品在风险防控方面更有把握。通过做租房贷款，李玮接触到了租房这一市场。他发现，打工者对住房条件改善的需求非常强烈，但租房市场年付或半年付的行情却让他们对条件较好的房屋望而却步。太原市正在进行的大规模城中村改造更是给房屋租赁带来巨大商机。于是，李玮扩充公司团队后做起了"二房东"：在太原范围内寻找房源，与业主签5年租约，然后将这些房子进行统一装修，并配上生活必需品，租客可以拎包入住。

"我们可以给消费者提供好房子，而网贷平台又让他们支付房租无压力。"相对于年付为主的太原租房市场，李玮给出的"月付"等更为灵活的支付方式无疑迎合了租房者的需求。目前，他服务的租客有2000多个，自营房产有200多套。李玮的团队共40人，大多是85后，他们有激情、有创意，要"为梦想创造无限可能"。李玮说，下一步，他想带领团队走到其他三线城市去，把这种房屋租赁模式带到更多的地方。

回想当初放弃让人羡慕的体制内工作选择创业，他说，这一切都源于自己身上"一种扎根在内心深处的不安分的心"。揣着这样一颗心，就去做想要做的事。

第三是O2O模式的进化。O2O模式在当前还被简单地理解为"Online to Offline"，即在线和离线的结合，这还是把互联网当作一个工具，或者表面化的属性。未来O2O的发展，更可能的就是我们过去一直在提但是一直没有实现的物联网。彼时的物联网是以web1.0为基础构思的，如今的web2.0时代，在移动互联的时候，物联网还会加入新的概念和思路。比如，O2O如何实现闲置资源的共享，就是一个非常值得深入的话题。当前的共享经济不客气地说都是一厢情愿的，和我们小时候"如果全国人民都节约一滴水"的思路相似，问题不是能不能节约这一滴水，而是你怎样把这些节约下来的一滴水收集起来。结论是显而易见的，收集闲置资源的成本是无法接受的，所以现在的共享经济一定会失败。资源之所以闲置，是因为闲置的成本是最低的，人们并不傻。但是闲置的资源总有可利用的方法，关键在于我们能否找到利用的模式。未来O2O或许能够为我们提供一些办法。

互联网的发展总是超出想象，我前面这些预期，还都是立足于现实的。未来怎么样，依赖于大家的聪明才智，去发现，去创新，去参与。

以大学生为核心的一体化平台

我们前面说起过，近些年来毕业的大学生是一个庞大的数目，互联网使他们消除了代际的差异，在价值观、消费习惯等方面越来越趋同。但是我们也不可忽视，大学生是一个动态的身份，他们会毕业，会工作，会变老，而新鲜的血液又不断地加入进来。这样的效果积累起来，我们就不能以一成不变的思维来对待现在的大学生平台。

首先是纵向的发展。大学生群体经过近20年的发展，已经形成了自然的代际关系，最早的大学生的子女现在都已经成了大学生。这样就为我们提供了一个思路：这个群体的能力、重心在变化，他们的消费需求在变化，因而市场会得到不断的拓展。能力、重心的变化，体现在他们由创业者、打工者，逐渐变成投资者、管理者，因而我们新一代的公益创业者可以越来越容易地得到他们在投资、管理、技术、经验等各个方面的支撑；消费需求的变化，体现在他们随着年龄变化而产生的新需求，比如会有养生的、孕产的、子女的、养老的等等，这些需求会产生新的市场，为我们公益创业的项目来源提供新思路。

其次是横向的联合。互联网时代显著的特征是大家的距离感消除了，过去需要面对面才能解决的事情现在不需要了，这就使得广泛深入的横向联合成为可能。而且前面我也预期，微商、互联网+、O2O这些模式的发展，也为进一步的横向联合创造了新机遇。横向联合的效果不是1+1那样简单，它会使每一个网络节点——每一个公益创业项目，都能够与其他各个节点产生网状的分布式的联系和互动，这就将使市场的规模和关系发生质的变化。

纵向和横向两个方向的发展，最终的结果就是以大学生为核心的一体化平台。这个平台从创业灵感、创业投资等前端开始，经历创业扶持、创业分享、创业管理等过程，最终达到创业市场的末端，形成一个完善的、一站式的、一体化的、不断成长的大平台。这对于我们公益创业的帮助支持，将会难以想象地巨大。

这些新的设想，不管是来自我们创业者方面的，还是来自于市场的、项目的，最终都需要我们亲手去实现。我们所追求的事业成功，不仅是经济人格的成长，更是社会人格的升华。对于未来，我们要怀着开放的心态，勇敢地接受一切可能的变化，并将其转化为支持我们的力量；同样，我们一路走来，不忘初心。

心 境

I know that the spades are the swords of a soldier

（我明白黑桃如士兵手握的利剑）

I know that the clubs are weapons of war

（我明白梅花似战场轰鸣的炮枪）

I know that diamonds mean money for this art

（我明白那些方块意味着财富）

But that's not the shape of my heart

（但那绝不是我心之形）

Shape of My Heart, by Sting

（我心之形，斯汀演唱）

人们常说"做事先做人"，我觉得这只说对了一半。做人和做事，是人的成长的不同方面，是在不同时期的不同侧重，交织在整个人生中。各种境界，无非做人做事的成果。

匠心之境

　　冯友兰论人生哲学时，曾经把人生分为四个境界：自然境界、功利境界、道德境界、天地境界。自然境界指的是人的本能，功利境界指的是人的目标，道德境界指的是人的情怀，天地境界指的是人的觉悟。作为一个普通人，我们都不是纯粹以本能行事，也很难达至为天地、为宇宙做些什么的程度。我们都处在社会当中，为了自己的目标而努力，与其在玄学的领域谈论机锋，不如踏踏实实做人做事。所以，我把人生分为四种境界：匠心之境、尽心之境、专心之境和初心之境。它们分别对应着做事、做人的过程。匠心之境是做事的精进，尽心之境是做人的心血，专心之境是做事的专注，初心之境是做人的情怀。我不是哲学家，我是一个公益家、一个创业者。

我们经常听到"工匠精神"这个词，它是指工匠对自己的产品精雕细琢、精益求精、追求完美的精神理念。我们也经常听人说，现在的社会非常浮躁，人们缺乏认真做事的心境，凡事追求眼前利益，企业各种短视行为。工匠精神和浮躁，看上去是这个社会不相容的两种心境。

我并不这样认为。浮躁并不是一个时代、一个社会的精神特质，而是社会发展到某个阶段时，人们无法统辖好追求速度和追求质量的平衡。因此，当人们强调质量的时候，就会偏向匠心而鄙视浮躁；当人们强调速度的时候，又会觉得匠心似乎没有什么必要。这就说明，很多人所谓的匠心，往往只是功利的需要而已。当我们能够意识到这一点，从而在质量和速度的平衡上有所设想，进而有所追求时，匠心才能成为一种追求和境界。

公益创业就是这样，既要追求创业的质量，又不能等什么都准备好了才开始。这就需要我们在政策、环境、帮扶等各方面精雕细琢、精益求精，以追求完美之心为公益创业者开路，为他们服务，为他们保驾护航，全力助推他们创业成功。我把自己当作一个工匠，把促进公益创业当作自己的产品，从粗到细不断打磨，终于到现在形成一套工作的方案和流程，能够有效地在市场上得到实现。我以为，这就是我的工匠精神，我的匠心。

首先是为公益创业者开路。公益创业这个概念提出来很早，但是一直被当作是创业的补充。公益不是一个目标而是一个手段，通过公益的旗号来实现创业的成功，这是最初很多人的设想。2003年，当我带领着一群孩子开始卖袜子时，我想的并不是通过这件事赚多少钱，而是把它当作一项教学实践活动，让孩子有所为、有所得。我在实践中不断地发现其中的公益元素和创业元素，然后有意识地去结合一些相关的理论，才得到了公益创业这样一条出路。

确定了这样一条路之后，我便开始了精进之旅。我研究了各种版本的创业学教材，研究了很多的公益理论和公益方法，向他人求教，自己总结经验。越是深入，我越坚定地认为，公益创业不仅是创业本身发展的必然，而且是我们社会、国家、民族发展的必经之路。公益能够激发14亿人追求真善美的情怀，创业能够激发14亿人的创造力和建设、发展、成功的热情，这样的力量结合在一起，无坚不摧。

选择了这样一条路就要不断把它拓宽，把它变成大家都能够行走的大道。当前，很多人并不了解公益创业，对公益、对创业的认识还存在各种各样的误区，比如把慈善当作唯一的公益，把捐钱当作唯一的方法，这些都需要我们以共同的努力，把公益创业的精神传播出去。如此，才能让公益创业成为全民族的精神，进而形成全民族的行动，实现我们中华民族的伟大复兴。

然后是为公益创业者服务。公益创业者需要的是什么？他们在创业过程中会遇到哪些困难，需要怎样的服务？这些问题，在我的头脑中不知道思考了多少次。一次次具体的服务，一个个鲜活的创业案例，使我对服务公益创业有了越来越多的经验和方法。具体地说，包括政策、投资、孵化、信息、管理、辅导等多个方面。

公益创业者，尤其是大学生创业者，对于政策很不敏感，难以透彻地理解各种政策，我们的团队就在这方面多下功夫，让他们意识到政策的重要性，并且获得各方面的政策支持。政策不仅对创业项目有着现实的资金投入、税费减免、市场优惠等支持，更重要的是，它对创业项目的选择形成了导向，对创新创业精神给予了鼓励。这对于创业者来说是非常大的支持。

在投资和孵化方面，我们努力为创业者提供良好的条件。大学生创业者的优势是头脑灵活，点子多，能够突破常规，而他们超前的思维往往难以被社会投资者接受，因而资金等方面的困难是普遍存在的。我在创业投资方面下了很大的功夫，为他们寻求资金支持，并且以较为优惠、双方可以接受的条件，让资本既成为创业的有效支持，又避免对创业过多干预。同时，确保创业者的利益，让资本合理获利，但是不让资本最终"摘桃子"。

在信息、管理、辅导方面，我主要是推进创业导师进校园活动。创业导师都是一线中小企业家，他们经历过创业，有创业、管理方面的经验；更重要的是，他们经历过成功、失败的考验，经历过残酷市场的洗礼，他们的人生经验是大学生难以获得甚至难以接触到的。这些创业导师给了大学生创业者们经验、方法和信心，使他们在创业的道路上少走了很多弯路。

做好这些服务并不容易。这么多年来，我最为突出的感受是，服务不在于你服务了多少，而在于哪些地方没服务到。服务了很多，但是一个关键的环节没有服务到，项目可能就因此而搁浅，或者受到不良的影响。每当发生这样的事情，我都会非常心疼，不断检讨，最终吸取教训，不再重复同样的失误。服务就是需要精益求精，不断追求完美。

最后，我们还要为公益创业者护航。我们建立了公益创业者和创业项目两套档案。这些档案都是动态的，始终在追踪着创业项目、创业者，关注着他们的发展情况。当创业者或者创业项目遇到各方面的困难时，我们就会主动与之联系，或者伸出援助之手，或者为他们指点迷津。这样，虽然我们的工作量加大了很多，但是，我觉得这样做是值得的。我们帮扶一个项目，就为一个人保留了信心，为一个项目保留了成功的希望，为一群人保住了就业的饭碗。

昨夜西风凋碧树，独上高楼，望尽天涯路。能够幸运地站在时代一个相对高一点的位置，看到更多的东西，我就要把它告诉别人。所谓匠心，就是我看到的这些东西要做到完美，这是我的承诺。

尽心之境

  自从我成为一个创业者已经10多年了，这么多年的风风雨雨，不能说自己做得有多好，但是我一直坚信这是一件值得我奋斗终生的事业。"尽心"二字大概是我现在仍旧要学习的，且要坚持一辈子的事情。将一件事坚持几年，已经是了不起的事，能坚持一辈子，做到极致，大概正是我所追求的。

  阅读是我的兴趣，阅读使我充实，闲暇之余的一本好书，能让我体味人生的别样滋味。我这么多年来都与公益、商业打交道，有些时候也会感觉到烦闷，碰到自己难以解决的问题时也会烦躁，有时候还会怀疑自己适不适合做这一行。可是想到自己拼搏了这么多年，又是如此热爱，就会想通过书籍来排解心中的烦闷。和书打交道和人不一样，你用心灵和它对话，不是为了让它知道什么，而是通过这种方式，让自己明白什么。在我还在学校做老师的日子里，我常常问自己："这是我要的生活吗？被困于这方寸天地中，自己甘心吗？"

朱自清在《匆匆》里写道"在逃去如飞的日子里，在千家万户的世界里我能够做些什么呢？只有徘徊罢了，只有匆匆罢了；在八千多日的匆匆里，除徘徊外，又剩下什么呢？过去的日子如轻烟，被微风吹散了，如薄雾，被初阳蒸融了；我留着些什么痕迹呢？我何曾留着像游丝样的痕迹呢？我赤裸裸来到这世界，转眼间也将赤裸裸地回去罢了：但不能平的，为什么偏要白白走这一遭啊？"

虽然我开讲座，教育孩子，可是我不想就这样平淡、无痕地过完一生。自2003年那次创业经历之后，这种想法一直盘旋在我脑海中，我要创业，想要轰轰烈烈地做出些什么，想要在这个时代里画下自己独特的一笔。人赤裸裸地来，赤条条地走，大概能留下来的就是别人口中的那个自己罢了，好是这样，坏也是这样，平淡是这样，跌宕也是这样，那我只想在这长河中能激起一点点属于自己的水花。选择踏上创业的征程，与此也是有关的吧，做过一次创业导师，体会到其中的乐趣，大概也就再也放不下了。

追求理想就要无怨无悔，其中滋味如鱼饮水，冷暖自知。我不能讲明白在这么多年的创业人生中我到底经历了些什么，有人问我："你吃那么多苦值得吗？在学校里做一名老师不是挺好的吗？"我告诉她，我甘之如饴，因为离开学校，因为选择创业，我才发现自己有那么大的潜力，自己有那么多用不完的精力和热情愿意去做这样一件事情。而且现在国家不也是很支持这件事情吗？公益创业对于企业，对于新生代的青年创业者们不都是很好的机会吗？我想抓住这个机会，不想放过。越王勾践战败于吴王后，每天睡在柴草上，床头挂了一个苦胆，他不时尝尝苦胆的味道，为的就是不忘过去的耻辱，经历十年生聚、十年教训而终雪灭国之耻，成为春秋时代最后一个霸主。我不用卧薪尝胆，也不用经受这些非人折磨，遭受的只是创业过程中一些小小的挫折，吃这些小苦，又怎么能选择放弃呢？没有一帆风顺的成功，没有不经历风雨的彩虹。因为坚信，所以我也磕磕绊绊，在朋友的帮助下才走到了今天，我将一直走下去，我一直在路上。

现在很多想要创业的朋友都愿意来找我，我去企业、去学校开讲座，和企业家、和政府打交道，当成功帮助企业家解决问题，成功带领大学生创业的时候，我知道自己走出了一条属于自己的道路。离开了学校，我依旧充当着教师的角色，同时我也是一名公益创业者，全国到处开讲座，宣传公益创业，参与公益创业。这让我突然感觉又找回了当年刚做老师时的雄心壮志，一定要做出一番事业来，不怕大家笑话，这是真的。

能对一件事一直保持高昂的热情是那么不易，何况坚持一辈子呢？尽心的代表人物要数诸葛亮，他写给刘禅的《出师表》和《后出师表》，道出了诸葛亮对于刘氏是多么忠心而又尽心。刘备将自己的儿子托付给诸葛亮，希望他能教导自己的孩子，完成自己的大业，可刘禅是有名的"扶不起的阿斗"，诸葛亮依旧尽心地帮助刘备完成遗愿，一句"臣鞠躬尽瘁，死而后已"，让多少后人感动！我扪心自问：能做到对公益创业鞠躬尽瘁吗？

关于"尽心"二字我想讲一个故事，是关于两匹马的故事。

有两匹马是拉货的，每次出门送货的时候，老板都会让这两匹马各拉上一车货物，但是不知道为什么，后面一匹马经常半路停下来，主人催促它也不愿意走多快，于是老板经常要花大力气在后面一辆马车上，这对于老板来说并不是一件好事。当老板把货物卸到了前一辆车上，这匹马才会正常行走。于是一次送货的时候，老板只带了好马出门送货，轻轻松松地上路了，并且准时到达了目的地。在回去的路上，老板对伙计说："既然同样的货物我只用了一匹马，且省时省力，那我要两匹马干什么？只要好好照顾这匹马就行了，另一匹懒货没什么用，你回去后把它宰了吧，马肉拿去集市卖了，我自己还能拿张马皮，也算物尽其用了。"回去后，那匹马就被宰了。

人大概也是这样，职场里的竞争也是如此，当你的工作能被别人取代或者顶替的时候，也就是你离开的时候。一匹马工作尚须尽心尽责，对于人来说更要不管做什么都需要尽心尽责，不然就会被时代所淘汰。不管做任何事情，一定要负责到底，我选择走这一条艰难的路，一定会坚持下去。

王国维说人生的第二境界是：衣带渐宽终不悔，为伊消得人憔悴。对于公益创业这件事我也是终不悔，愿意为公益创业而"憔悴"，只有这样我才能够走出一条属于我自己的道路。相比康庄大道，我更愿意涉足这些荆棘之路，当我的汗水和血水开出花，柔化这些荆棘之后，那一定是让我最感动也是最自豪的事情。

让我佩服的是清华科技园当时的创始人梅萌，23年前他40岁的时候在清华大学当教授，后来清华大学想做一件事，把清华实验室里好多没有转化的科研成果市场化。于是梅萌接手了，由清华大学绝对控股，梅萌占了一定股份做了法人代表，他在清华学校里停薪留职，在校外成立了一家公司，叫启迪公司。当时立项的是清华科技园，中关村还是一片废墟，他写了一份方案，关于北京如何大力发展科技创新产业，以清华大学为背景。他获得了北京市政府的支持，得到了清华大学周围的那块地，并且由政府帮忙盖楼。那时候我问他是做什么的，他开玩笑地和我说是中国最大的第二房东，租房子的。不过他出租的对象可不简单，都是科技创业的。整个科技园项目启迪公司都有股份，他已经能够安心地管理科技园了，但是他决定做得更多。后来他做了三件事，让我很是佩服。

第一件事是投创业教育，他在清华大学里开设了一门创业选修课程，是全国最早开设的创业课程。第二件事是他发现导师和学生上完课没有地方讨论，于是和学校商量在学校里划了一块地方，开了咖啡馆，叫做咖啡行，这比车库咖啡、3W咖啡还要早上7、8年，现在已经改名叫启迪咖啡。这个交流场所做什么呢？做公益创投，这个场地就是40多家企业联合每家出一万共同建造的，这里不是为了赚那一杯咖啡的钱，是为了便于企业家和学生的交流，为了学生手中的好项目能够进行创投。第三件事是建立了创投公益基金，为学生项目添砖加瓦。学生在项目成功之后归还本金就行，但是这些学生都有着感恩的心，为了自己的母校，在创业成功后都会回报母校。这项基金还被称为创业银行。

现在清华科技园在全国有23个，这项基金已经发展成为创投公司，即启迪创投母基金。我佩服梅老大，他现在虽然已经63岁了，但仍然在奋斗，为了中国创新科技的发展。我多么希望20年后的自己也可以像梅老大一样，能够有一个这样伟大的事业。梅老大要是不离开学校，现在至少是清华大学副校长级别，但是为了学校的发展，他最终决定从商。

我从商是因为自己的人生抱负和理想，我要坚持自己的理想，以积极、乐观、执着、无悔之精神，始终战斗着。从这些前辈们身上学来的品质，更是让我坚信自己选择的正确性。

专心之境

　　2014年，被尊为"昭和棋圣"的吴清源先生去世后，各界都在缅怀他。中国的"棋圣"聂卫平九段发微博说："吴清源先生一生执着棋艺，心无旁骛，他也是这么要求其他棋手的。有一年我在日本，与沈君山神侃桥牌，一边的吴清源先生听到后，主动走过来很认真地对我说：'搏二兔，不得一兔。'我听后大受震动。当年我要是听从他的劝告，一心执着于围棋，也许在棋上的成就会更大些。"

　　专心是做事的一种品质。吴清源先生所说的"搏二兔，不得一兔"，就是要人做事专心。可能我们都有过专心的体验，并惊叹于专心做事的效率，同时感叹专心做事并不容易。其实，一时一事的专心每个人都能做到，难的是一生一世专心。这已经不仅是做事的品质，而且是做人的境界。

专心搏一兔，就要放弃另一兔。很多人会认为，那就是在家庭和事业之间选择，或者为了家庭放弃事业，或者为了事业放弃家庭。这是认识的误区。我从来不把家庭和事业当作两只兔，而是当作人生中不可能割裂的整体。我之专心在于人生的完美，而不在于生命中无可奈何的取舍。可以说，把家庭和事业对立起来，把它们之一当作必须舍弃的对象，这就已经是人生的失败，还谈什么专心呢？

专心于人生的完美，绕不开两件事：经济和情怀。我要赚钱，要站着赚钱，还要用赚来的钱回报社会。洛克菲勒家族有一句话说，财富属于上帝，我们只是它的管理者。刚刚去世的家族第六代传人戴维·洛克菲勒信奉一句话：Living is giving。翻译过来是：活着就是给予。有了这样的心态，我们的项目才能够给人带来真正的价值，我们的服务才能够有人性的温度，我们的事业才能有更远大的发展。所以，我把公益创业当作自己的给予，当作管理财富的方式。我没有洛克菲勒家族那么庞大的财富，我有的是专心做好公益创业的情怀：高山仰止，景行行止，虽不能至，然心向往之。

专心就是投入。这些年来，我在照顾好家庭的同时，把全部的时间都投入到了公益创业这项事业中。家人给了我最大的支持，他们是我能够如此投入的坚强后盾。在我和同事们的共同努力下，公益创业这项事业蒸蒸日上，得到了越来越多人的认可。我虽然不再从事教育事业，但是我可以自豪地说一句桃李满天下。越来越多的大学生在我的帮助下，走上了公益创业的成功之路，我不求他们感激，他们的成功就是最大的感谢。同时，我也把这么多年来赚到的钱不断投入到慈善中，投入到创业投资中。我自己都不能创业赚钱、不能做好公益，凭什么给人讲公益创业！

专心就是忘我。我经常往返于全国各地，是名副其实的"空中飞人"；经常要给创业导师讲课培训，一站就是半天，一连讲好几天。这样的劳累，不是每个人都能承担的。但是，因为专心，我没有疲劳，没有厌倦。国家又有什么新政策了，哪些新产业是国家正在支持鼓励的，各地有哪些扶持创业的新举措，那些我正在关注的创业者、创业项目都发展得怎么样了……这些内容我要第一时间掌握。同样，我还要掌握身为一个女人，现在正流行什么时尚元素。我要把最美的精神和形象，传递给我周围的每一个人。

专心就是快乐。几年的努力，换来的是如今各大城市的创业基地，是几千名能够走入高校、进入课堂、经过部委认证的创业导师，是几万名公益创业者和几万个公益创业项目，是几十万、上百万的大学生由此就业。看着这些成绩，看着孩子们成功自信的笑容，我有发自内心的快乐。这样的快乐，没有经历过专心投入的人，是没有机会体验的。我相信，我们每一个创业者，在专心致志于自己的项目时，在项目终于冲破樊笼直上云霄时，也会有如此本真的快乐。

　　我相信，专心就是人生的一种境界。如果你没有经历过投入，没有经历过奉献，没有经历过为一生的目标而努力，并且看着它从柔弱的小苗成长为一棵参天大树，那就没有资格去体验这样一种发自内心的快乐。我幸运，我专心。

初心之境

　　最近这段时间，有一个视频特别火，就是中央电视台的微视频《初心》，传遍了网络。它主要通过《梁家河篇》《正定篇》和《宁德篇》来讲述习近平总书记一路走来的心路历程，习总书记说，"非名山不留仙住，是真佛只说家常"，这是习总书记的初心，是最关心穷苦老百姓的初心。

　　初心是人的本心，"菩提本无树，明镜亦非台。本来无一物，何处惹尘埃。"一个人从学校进入社会，被社会不断地打磨过后，还有多少人记得自己原来最初的梦想。怀有一颗谦卑之心，能够让自己在这个物欲横流的社会不失去自己的本心，而高傲浮躁之人容易迷失自我，因为一些小利小惠放弃自己原来高呼的目标和梦想，只是为了追求眼前能看到的利益。其实对自己喜爱的事物就像谈恋爱一样，不能婚前一个样，婚后一个样。很多人结婚发现生活不像原来想的一样，每天都是和柴米油盐打交道，不是每天都能够吃法国大餐，每天有着不尽的烦恼。追寻梦想的道路上也是一样，发现梦想不是自己原来想的那样美，每天要起早贪黑，在他人低声下气就是为了获得一个机会，于是不耐烦了，于是放弃了，丢失掉一切，奔向了让自己迷失的社会。没有了初心，忘记了自己最初的目标，怎么指引自己继续前进呢？最好的婚姻是什么？她懂你，正好你也懂她，每天两个人都有聊不完的话题，最开心的就是两个人坐在一起吃饭，谈谈心里话。梦想，我们也要和梦想谈恋爱，享受追寻梦想带来的刺激和快乐，同时也要像和婚姻一样，和梦想交心。与梦想交流，每次为失败的失望，每次为成功的喜悦，都要告诉自己的梦想，我们要理解自己的梦想，同时也要学会和它相处，梦想的道路是艰辛的，与梦想同行，会发现路上的风光。初心是为了让自己不再忘记自己的起点，与梦想交流是为了不断提醒自己这个初心是多么重要。

初心就是专注。人生最美好的事情莫过于专注于一件自己喜爱的事业。托斯凯宁尼说过，我此刻正在做的事，就是我一生中最大的事，不管是在指挥交响乐团或剥桔子。专注于公益创业就是为了把它做到最好，如果连我自己都不能专注于这件事情，又怎么去带领我的学生，带领团队去做好这件事情呢？百度首席财务官李昕晢曾经在接受采访的时候说过："成功的女性都有一个特质，她们有非常强的能力，保证高效率。"高效率就需要专注，一个不能集中精力的人，肯定不会坚持一件事太久，因为困难会让他选择放弃。而我在工作的时候会全身心投入，因为我相信自己想要做一个成功的女性，必定专注于公益创业。

初心就是谦卑。虽然现在我有了自己的企业，在各大城市中建立了创业园区，又与政府打好了关系，为自己的公益创业不断地提供资源和途径，给企业家作辅导，培养大学生成功创业，但是当我在各大城市开讲座、做培训，认识我的人看到我都亲切地叫我赵老师或者Apple老师时，这些荣誉带给我的不是膨胀的傲慢和地位的提升，而是压力。当他们这么殷切地关注我，看重我的时候，我多么怕自己做得不好！公益创业就要服务他人，如果我不能脚踏实地，如果我眼高于顶，我只会离公益越来越远，只有谦卑才能让我永远记得自己今天的成就是在大家的帮助下，是在社会和企业家们的共同努力下才取得的。古人是最有智慧的，他们说"满招损，谦受益"，只有保持谦卑的心才能让我不断地与需要帮助的人感同身受，才能不断地为公益创业而服务。我相信，保持谦卑之心，不管在任何时候都会受到尊重。

初心就是进取。进取心是指不满足于现状，坚持不懈地向新的目标追求的蓬勃向上的心理状态。社会是瞬息万变的，这个社会不变的就是变化，想要在社会中、公益创业中生存下来，就要不断地前进，逆水行舟，不进则退，公益创业不变的是一颗想要助人的心，变的是创业的模式和途径，只有不断地学习和努力，才不会落后。我在2016年上十三五规划小组提出的一些课题中，领了两个课题，一个关于大学生创业，一个关于一带一路。这两个课题我投入了将近50多万元，由于投入的是课题研究，企业价值链的一种活动，很难产生经济效益，但是我为什么这么做呢？因为我的战略规划，我想在一带一路这个体系上有点声音，所以我需要这个课题。机会就是这么来的，在我领完课题不到10个月的时候，公信部、商务部、江西省教育厅、江西省工薪厅、江西省外语外贸将推动一带一路，我正好有课题，在看完我的课题后，他们觉得很专业，一拍即合就由我来做，他们觉得我是这个领域的专家。我已经成为行业的制高点，大学生创业我们也做了研究，我为什么要做这些呢？因为我想到了我的以后，万一两三年后我成了全国人大代表了，我肯定要代表发言，那么我的专业领域权威在哪？这个课题正可以提升我的个人平台。进取心带来的是好胜心，我想在公益创业这个行业里脱颖而出，就必须不断向前，不断胜利，主动学习，不断吸收新事物。所有创业者想要成功，都需要不断地向前，向前，再向前。

初心就是自我。这里的"自我"，不是一个贬义词，不是那个自私、不顾及他人的自我，这个自我是深度剖析的自我，是为了自我的发展。美国诗人郎飞罗说，别人藉我们的过去所做的事判断我们，然而，我们判断自己，却是凭我们将能做些什么事。我分析自己，知道自己将要做什么，想要如何发展公益创业，带动更多的人到公益创业中来。之前我的所有作为，是靠他人给我的评价，我才知道自己做得如何，但是我将要做的事情只有我自己知道，因为他人没有办法对未知的事情做出任何评价。找到自己最初的梦想，带着它不断地前进，拷问自己，这个梦想还是依旧吗？现在插上了翅膀，它飞得足够高足够远了吗？我们站在巨人的肩膀上前进，总结前人的经验，可是后人总结的是我们的经验，所以，我们不能跨越雷区，不能继续前行，又怎么给后人留下宝贵的经验和财富呢？我们每一个创业者在创业的时候一定要认识自己，认清自己，精准定位，才能在这个社会中拥有明灯，砥砺前行。

对于我来说，这"四心之境"是多么弥足珍贵，在拥有了匠心、尽心、专心和初心之后，我相信能够在公益创业这条路上不断地走下去，与所有创业者一同前行。我还是要谢谢我的先生和我的孩子，因为他们给了我圆满的家庭，因为他们是我的坚实后盾，永远无条件地支持我，让我在公益创业这条路上风雨无阻。

一个人只有保持谦卑之心，对自己所处的世界永存敬畏，才不会在时光中凋零、褪色。所谓初心，既是保持自己的目标，也是永不满足、永远进取的动力所在。而今，我正怀揣一颗初心，踏上新的征程。

Apple老师问答

关于选择

是什么促使您放弃大学教师的工作，走上创业服务这条道路的？

Apple：主要有两点原因。第一个原因是，我看到大学生在学校里迷茫、找不到人生的方向，无论是就业还是创业都难以获得足够的信息和资源。他们在学校读书生活四年，并没有和社会有更多的接触，他们获得信息和资源的渠道太窄。所以我想搭建一个创业服务的平台，把社会上、市场上的各种资源经过梳理之后提供给大学生，使他们的就业和创业能够利用这些经过梳理之后的资源，拥有更多的机会和选择。我原来在学校里是做职业生涯规划的，无论职业生涯规划如何，大学生总要去面对社会，去找寻自己的人生机遇。我放弃大学教师的工作，并没有放弃自己的工作职责，只是换了一种工作方式，换了一个工作环境。我的职责依然是通过创业服务的推进，让大学生能有更好的未来、更好的人生。

原因之二，就是我到国外考察的时候，我发现国外的创业服务非常完善。年轻人有什么想法可以到专业的创业服务机构向他们介绍自己的想法，创业服务机构可以给他们多种选择。比如可以把自己的点子卖给机构，或者由机构来进行孵化，使他们的点子变成现实。创新创业能够得到支持，得到认可，得到价值，所以年轻人都非常愿意去创新，敢于去创新。而我在中国看到的情况是，年轻人有了什么想法，就会被教育"想什么想，好好学习、考研，找份好工作"。一个人的成长有家庭、学校、社会三个环境，年轻人创新创业的想法在家庭几乎就被扼杀了。我们的家庭教育几乎没有创业教育，学校里的创业教育刚刚起步，需要社会、家庭、学校结合起来为他们提供创业方面的服务。我走上创业服务这条路，就是想搭建这样一个平台，通过我的服务使大学生在创新创业这条路上走得更稳、更扎实，走得更远。

您说过您更喜欢大学的气氛，现在的气氛和大学有什么不同？

Apple：当然不同。现在我更多处在社会的角度为大学生提供创业服务。相比较来说，大学还是有更多的学术气息，可以感受到人们内心的纯净，包括人和人之间关系的祥和、纯粹，这些都是大学特有的一种氛围。社会需要追求商业的价值和目标，它需要更多的包装、宣传，需要公共关系的平衡，需要以商业的方式处事，纯粹的东西少了一些。所以我更喜欢学校里的氛围。当然了，现在学校的氛围也发生了改变，跟过去相比差别很大。可能我这个人比较完美主义，喜欢追求更纯粹、更简单的东西。我认为简单到极致就是一种美。

您对大学生选择创业最重要的建议是什么？

Apple：大学生选择创业，首先要考虑的是创业的发心到底是什么，创业是为了实现人生怎样的目标和价值。所以创业不要单纯地为了赚钱，而是要选择一个让自己有感觉的事。做有感觉的事，有感觉地做事，才能让自己更加愉悦。如果纯粹为了赚钱去创业，人就会过得比较痛苦。所以大学生现在选择创业，一定要找到自己有感觉的事，一定要让自己做的事体现社会责任感。不能单纯以赚钱为目的去做事，而是既要创造经济价值，又要创造社会价值。

您怎样看待公益创业和普通创业之间的差别？

Apple：公益创业一定是以社会责任感为前提考虑的，而且有一种博大的情怀、胸怀和精神。公益创业不是以盈利为单纯的目的，盈利只是创业过程中的一个小结果。在环节设计上，公益创业的内涵更丰富，它要有人文的情怀。普通创业更多以商业为目的，赚多少钱，创造怎样的财富价值。换句话说，普通创业完全沉浸在物质层面。公益创业和普通创业最终的结果有很大的区别，公益创业很容易创造平台，成为百年品牌，普通创业平均2.9年就倒闭了。我希望中国的社会能够有更多的公益创业，这样我们的发展才更有人性、更有情怀。

您现在这样忙碌，怎样处理好家庭和事业的关系？

Apple：首先，我是一个时间规划和时间节奏性都很强的人，做任何事情都很有计划性。除了出差，我每天晚上11点半都要睡觉；无论多晚、多忙，每天早晨6点半起床做一下早饭，让家庭的成员感受到你是爱大家的。我每个月的月初比较闲，都会排出时间来陪伴孩子和爱人。这是时间上的一种有效的计划和处理。其次就是我和家人多沟通，和家人说清楚我做创业服务的意义和价值。在沟通中，家人慢慢理解我做这个事情的价值和目标。我不是为了赚多少钱，如果是为了赚钱那赚多少才是满足啊！我想要承担的是社会责任感，家人也会被这种精神所感染。这就是公益创业的魅力吧。家人会对这份事业产生深深的尊重和敬畏，就会对这份事业有从内而外的支持。比如我儿子就非常支持我在做的创业服务，他会感觉非常骄傲和自豪。我们通常认为，女性在做某一件事业时，就会使家庭和事业产生矛盾。女性在创业过程中，可能忽略了一件事情，有没有和家人多沟通。通过沟通使家人理解你做这份事业的价值所在，进而产生尊重。这样他们就一定能够理解你、支持你。这也是中国绝大多数企业存在的问题：企业没有魂。企业没有使命、愿景，没有社会责任感，因此很难得到家人、周围的人对其价值的认可。我工作如此之忙，可是我的家人包括父母、孩子、爱人都很支持我的工作，他们认可我的价值，和我一样信仰它，已经上升到了一定的高度。所以我在工作中感到很幸福。

关于努力

这么多年您付出最多的东西是什么？

Apple：我这么多年付出最多的东西就是两个：时间和爱。我付出很多时间给大学生和企业讲课，希望这两个最具活力的群体，能在同一个思想、同一个目标之下，互动起来共同创业。我付出的最多的是爱，希望我的爱能够陪伴年轻人成长。

您认为当前大学生创业存在哪些困难和问题？

Apple：当代大学生创业最大的问题，首先是思想意识的缺乏，这是整个中国大学生创业的第一大问题。大学近年来拼命开创业课，但是一群没有创过业的老师，怎么去教一群不想创业的孩子呢？中国大学生创业意识这么薄弱，一个很大的原因就是中国的家庭几乎没有创业教育。第二大问题就是缺乏项目。大学生没有创业的意识，就不会去主动去找项目，更不会去创造项目。第三个是心态认知的问题。这也是一个极大的问题，要回归到历史层面上：多年来都没有提供给他们正确的创业教育。第四个问题是，大学生创业缺乏有效的资源支持。创业的项目好比是鱼，创业所需要的资源好比是水，大学生创业离开了水，鱼怎么可能活得下来呢？所以资源很重要。目前学校里的创新资源和政府的政策资源都养活不了项目，它们不是商业资源；把学生创业者直接推向社会，就更是不负责的举动。必须把市场上的商业资源、政府的政策资源和学校里面的创新资源结合到一起，这样项目才能存活。

解决这些问题主要依靠哪些方面的努力？

Apple：首先国家要加大深化改革的力度，简政放权。当前党和政府做得非常好，正在大力推进"万众创新，大众创业"活动，这也给我们带来了机遇和机会。其次是学校和各级政府要继续解放思想，不要做形象工程，多做一些实实在在的事情，把创新创业鼓励支持政策用好用足，大力支持大学生创新创业。第三是涌现出一大批创业服务机构，联合政府、市场、学校、家庭各方面的力量，把社会、政府、学校资源融为一体，帮助大学生解决创业认知不高、创业资源不足、创业项目不够的问题。这需要动员全社会的力量，吸引更多的人参与进来，共同创造这个创新创业的时代。

您认为当前公益最大的问题是什么？

Apple：当前公益最大的问题还是在于整个社会对公益的认知。很多人认为公益就是捐钱，捐了就没了。这就制约了很多人对公益的参与。事实上公益的涵义比捐钱为主的慈善要广泛得多，比如我们正在做的创业服务业，它就是通过成就大学生来成就时代、成就社会、成就国家和民族的事业，这是更大的公益。所以，全社会对于公益的认知理解和行动，还都有待于提高。

您对未来创新创业有怎样的设想？

Apple：未来的一段时间里，我最大的设想是搭建一个创新创业的全生态体系。在这个创新创业全生态体系里面，有大学生和企业家的创新创业培训，有创新创业项目孵化体系、资源体系、融资体系等。有了这样一个全生态的创新创业平台，拥有创新Idea的大学生能够找到他们的伯乐——企业家，企业家能够找到他们的职业经理人——"小马云"，项目和资源通过这个平台能够找到很好的结合。我要在北京打造一个"创客村"。这个创客村要把全国各地有创新创业想法的大学生吸引过来，成为一个"小马云村"，把更多的"孙正义"也吸引过来，到创客村找到他的"小马云"。我想让更多的企业家和大学生结对子，形成一个创新创业互动体系。

创新创业需要土壤和机缘，单纯的创新很难落地，单纯的创业很难整合各方面资源。只有它们紧密结合在一起，创新创业项目才能在市场上成长起来。创新创业的源头在高校，过程在企业，结果在市场。我希望通过启明星创新创业全生态服务平台的搭建，将创新创业的土壤和环境丰富起来，能够培养更多优秀的创客。

关于收获

您现在有多少学生选择了创业，成功率大概是怎样的？

Apple：不算我们的创业导师带的团队和项目，目前经过我直接带的学生团队有几十个了，还有我直接带的100多名大学生在创业。他们的创业成功率几乎达到80%吧。因为我们有了一个很好的成型的模式——公益创业模式，有一个越来越成熟的创新创业服务平台——启明星，为我们的大学生创业者提供各方面的创新创业服务。所以我们的创业成功率是非常高的，这也是我们的一个优势吧。

您认为公益创业的核心在哪里？

Apple：公益创业的核心在于发心，也就是我们说的起心动念，这是最关键的。发心是单纯为了赚钱，还是为了帮助解决某个社会问题，这就是公益创业的核心。

对于提高创业成功率，您认为最重要的是什么？

Apple：提高创业成功率，很难说下面这三点哪个"更"重要，我认为它们都非常重要，需要我们在这些方面投入精力和努力。第一点是创业者的思想认知，要想创业、敢创业、会创业，这个问题我们主要通过学校、家庭、社会共同加强培训来解决。第二点是要给创业者以心理陪伴和鼓励。创业是非常孤独辛苦的事情，尤其是大学生创业者，他们在我们眼里还是一个大孩子。给他们心理上的陪伴和鼓励，对于他们树立并坚定创业的理想，拼搏并获取创业的成功，坚持并战胜创业的困难，有非常大的帮助，也是非常必要的。这是我们一代人的责任。第三点是要为创业者提供更好的资源，有了资源的"水"，项目的"鱼"才能很好地成活。这主要通过我们的创新创业服务平台来实现。平台要集成各方面的资源切实服务于创业，通过帮助创业者成功来实现平台的壮大，从而推动整个社会的创新创业。

您创立的启明星工程在促进创业方面发挥了怎样的作用？

Apple：我们创立的启明星工程，在促进创新创业方面首先是发挥了引领性的作用。我们率先提出了公益创业的理念，这在中国都是独一无二的。我们希望能够通过公益创业的理念，推动社会和经济的进步，培养更多的成功创业者，最重要的是塑造新的商业文明，引领更多的年轻人走上成功创业之路。我们不能再去培养单纯的生意人了，我们已经有了很多这样的生意人。我们要培养有理想、有情怀、有责任感的新一代企业家，他们才是国家和民族的未来。其次，启明星工程发挥了一定的示范性作用，我们的合伙人创业模式可以很好地复制。我们做了北京创客村的模板，这个模板得到了很多领导和企业家的认可。我们有理由相信，创客村能够批量地"制造"成功的创业项目，培养成功的、有情怀、有理想、有信念、有社会责任感的企业家。所以，启明星工程主要就起到了这两方面的作用：新思想的引领和新模式的示范。在这个过程当中，我们确实帮助了很多大学生创业成长，很多企业转型升级，很多高校的创业率和创业成功率都提高了，很多地方县市的业态转型更健康了。我们在这方面作出的努力和贡献，都是有目共睹的。

您在公益创业平台搭建上有什么重要的计划？

Apple：接下来我们有大型的平台建设和升级计划。第一是搭建一个线上创业服务平台。就像滴滴打车一样，有车的和用车的人通过平台的交换，不再有信息的不对称。我们的公益平台也是这样，把大学生和企业家之间的信息沟通起来，形成一个互通有无的市场。通过这个平台的搭建，他们之间关于创业的信息不再有瓶颈。第二是搭建海外工作站。现在我们已经在斯里兰卡搭建起一个海外创业服务平台。我们要把公益创业的模式推广到全世界，以中国的商业文明去影响、去改变、去引领全世界的商业文明。回想起航海时代，欧洲文明就是以这样的方式传播到全世界的。我认为我们中国也要把创新创业时代的商业文明传播到全世界。

关于情怀

您认为一个人一生中最重要的是什么？

Apple：我认为一个人一生中最重要的事是，你来这世界一辈子，你的使命是什么。有的人的使命是抚育好孩子，有的人的使命是发展好家庭，有的人的使命是过好这一生。我觉得人的使命还可以再拔高一些，应该对这个社会有所担当。一个人最重要的就是他的使命和价值。

在从事创业服务的过程中，哪件事让您印象最为深刻？

Apple：在创业服务过程当中，我印象深刻的事情太多太多了。其中最深刻的还是看到孩子的成长，内心就无比喜悦。

我想说一个叫杨欣悦的女孩，她给我的印象最为深刻。她曾经是一个非常叛逆的女孩，得了"空心病"，自杀过三次，头发五颜六色，满身纹身。这样一个叛逆的女孩，我陪伴她两年，看到她找到了自我，找到了人生的价值和使命。她帮助很多农民把自己的产品卖出去，帮助他们卖芒果、卖蜂蜜，也实现了创业的成功。这个过程让我感受到，当一个人真的发心去做一件事的时候，老天都会为他让道。杨欣悦这样一个叛逆的女孩，当她真的发心去帮助农民的时候，谁都会看到她的努力和她得到的回报。她不仅创造了经济价值，也帮助很多农民提高了生活水平，让农民过上更有尊严的生活。一个人的人生价值就在服务他人当中得到了最好的体现，大学生创业成功的风采，也就是我的光彩。

您怎样看待初心和过程的关系？

Apple：这个问题很好，我非常希望回答这个问题。在现实生活中我们看到，很多人初心很好，但是过程被很多现实因素、不可抗拒的外力干扰，就会在过程中慢慢把初心给丢了。人的一生都会有所追求，有物质的、精神的追求。如果在追求目标的过程中丢掉了初心、忘掉了初心，那么路就会走偏。初心就是方向，过程就是路径，这条路怎么走得顺，怎么走到要去的方向，归根结底还是不要忘记目标和方向，不要忘记你的初心。

在公益创业方面，您最大的理想或者期望是什么？

Apple：中国几千年的历史，文明之火从未断绝。尤其是中国很早就出现了商业文明，商人们把诚信、勤奋等美德奉为成功的要诀。古代的富人都会布施，会通过施粥、修路等方式回报桑梓，让穷苦人有饭吃，改善本地的状况。中国改革开放三十多年，一些成长起来的企业家们慢慢丢掉了最初的、一些涉及人性本质的东西。所以，在公益创业方面，我最大的理想和期望就是重新去建设、复兴中国的商业文明，并以它去影响、去引领世界的商业文明。

最后一个问题：您最欣慰和最失落的分别是什么？

Apple：在多年的创业服务当中，我最欣慰的是看到当代大学生的智慧，当代大学生渴望成功的理想，以及他们为此奋斗的行动。我同时也看到了当代民营企业家们的爱心和善念，他们都站在时代和民族的角度，愿意帮助大学生实现创业成功。我欣慰地发现，大学生和企业家群体有着非常好的合作机会，他们是一群非常可爱的人。

我最失落的，也是比较焦急的，就是整个社会的浮躁。人们对于很多事情认知狭隘，看问题看不到事情的本质。人心很浮，大学生很浮，企业经理人、学校领导、政府官员也都很浮，这就造成很多东西落实不下去，漂在那里。对此我非常焦急，也非常失落。我希望大家能够积极响应国家的号召，真正投身于创新创业的时代大潮，改变自己的思想，能够在新的时代找到人生新的机遇和发展的机会。

谢谢Apple老师在百忙之中回答我们最关心的这些问题，更希望Apple老师的观点能够对大家有所启发、有所帮助。这也是我们的初心。

第四个Apple

　　人类历史上曾经出现过四个重要的苹果。

　　第一个苹果出现在伊甸园里。在蛇的诱惑下，亚当和夏娃吃了苹果，有了羞耻之心，被上帝赶下天堂。经历无数代的繁衍传承，我们有了今天的美丽世界。这个苹果很重要，没有它，也就没有我们，没有人间。

　　第二个苹果砸到了牛顿的头上。上帝曾经说，"要有光"，于是牛顿出生，人类蒙昧的万古长夜就此终结。牛顿建立了如今我们每个人都在依赖的物理学大厦，是人们心中无可争议的物理学的上帝。

　　第三个苹果被图灵啃了一口。据说，身患抑郁症的图灵吃了有毒的苹果自杀。他啃过一口的苹果被深深崇拜他的史蒂夫·乔布斯选中成为苹果公司的图标。"活着就是为了改变世界"，乔布斯做到了。

　　第四个苹果就是我，Apple。能够与先哲们站在一起，需要的不仅是我的热情和勇气，更重要的是我和我的小伙伴们开创的事业。公益创业是社会发展的新动力——自从我有了这样的念头，到现在已经过去很多年。欣慰的是,我的事业配得上这么多年最美丽的青春年华。

我的梦想从未停止,因此我还很年轻,远远没有到人生总结的时候。我也不是作为一个长者,教给读者们什么人生经验。我只是想说,如果读了这本书,你能加入到推广公益创业的队伍中来,或者你能开启你的公益创业之旅,或者你能把你现有的事业经过公益化、社会化改造从而进入一个新的发展阶段,或者你仅仅从阅读中产生了某些共鸣、某些收获、某些愉悦,那么我的初心也就得到了部分实现。

这只是我的感悟,并不是某个宏伟计划的一部分。苹果不是难得的美味,不是包治百病的灵药,只是每天都可以享用的日常。我想这本书和我一样,就像是苹果:可能你平时并未注意,而当你想到健康、实在、生活等词汇的时候,苹果就不由自主地浮现在你的脑海中。

我不敢因为平凡而妄自菲薄。我弱小的身躯、我并不出众的才华,都因我倡导的事业、我追求的梦想,甚至在别人看来我对自己狂妄的评价,都变得不再平凡。而心中真正的信心,是我的坚持、精进、专注和谦卑。有人曾经问过我,是什么给了你这样的力量?我回答他说:

"是你们。所以我能不忘初心,与你始终。"

谢谢大家。

跋

　　《初心》付梓，是我两年来的梦想，现在终于实现了。

　　我从一个创业者逐渐成长为创业导师，Apple老师是我的第三位老师。我曾追随刘光起老师学习《A管理模式》，后又追随汪中求老师学习《精细化管理》。我见证了大量的初创企业，从混乱走向有序，从有序走向高效，最终成长为健康运转、基业长青的中小企业。

　　伟大的祖国，从"改革开放"走入了"新常态"，众多的中小企业再次面对生存困境，企业、财富、情怀、家人……孰轻孰重，何去何从？！

　　中小企业的发展和成长，核心痛点在于创新机制和创新人才。中小企业为国家贡献了大量的税收，为社会提供了80%以上的工作岗位，创造了60%以上的国内生产总值，是国家经济的重要组成部分。Apple老师致力于引导广大优秀的中小企业，走上创新发展和公益推广的道路；与高校广泛开展创新创业教育对接，解决创新人才的问题；与高校长期积淀的科研力量对接，解决创新机制的问题。她的目的在于有力地推动中国民族品牌的发展，促进中国企业家创新意识的进步。

当公益创业已经成为国际流行的研究课题时，在祖国大地上，Apple老师已经为此奔走呼喊了多年！她告诉人们，要以公益模式构建新的社交关系，要与大学生创新创业的活动紧密结合，融入祖国"大众创业、万众创新"的热潮，寻找创新突破、转型发展的机会。

每一个优秀的中小企业的成长，都代表一个或多个中产阶级家庭的财富积累。中国的中产阶级家庭，也面临着家族财富传承和管理的困境。中产阶级家庭的财富稳固，会直接形成稳定的社会凝聚力，使社会更加稳定，使就业和教育都得以稳定发展。

当中小企业创新发展的课题与民族品牌成长的课题和中产阶级家庭财富管理的课题，通过公益创业进行链接，就会产生相对完美的解决方案，就能为管理学、营销学和金融学交叉创新，提供一个具有现实意义的应用案例。

Apple老师在不断演讲的过程中，逐步把独特的公益理念和商业模式，转化为"唤醒商业智慧，激发创新思维"的经典课程，传道、授业、解惑，带领众多企业家探索前行。

近年来，Apple老师的公益创业模式开始应用到更多的领域，除了高校创新创业教育领域之外，还应用到精准扶贫、残疾人发展和妇女成长等领域。传播越广泛，应用越纯熟，效果越显著，成就越超凡。而Apple老师不忘初心，仍然坚持大规模、高强度的全国巡讲，仍然坚持亲自指导中小企业的创新和发展，只问耕耘，不问收获，加速前行！

从学习到实践，称为"学以致用"；从设想到成功，称为"心想事成"。从"初心"出发，我已经走了太久，若不是Apple老师的提醒，我已经忘记自己的"初心"。做一个用"心"体悟的学习者，做一个真"心"付出的服务者，Apple老师是我的榜样，值得更多人了解和学习。

杜志刚

2017年6月